KB002999

손안에

쏘옥~

필수

여행스페인어회화

손안에 쏘옥~

유연창 지음

필수

여행스페인어회화

가림 Let's

손안에 쏘옥~
필수 여행스페인어회화

2004년 5월 4일 제1판 1쇄 발행

지은이/유연창
펴낸이/강선희
펴낸곳/가림Let's

등록/2001. 12. 1. 제5-206호
주소/서울시 광진구 구의동 57-71 부원빌딩 4층
대표전화/458-6451   팩스/458-6450
홈페이지 http://www.galim.co.kr
e-mail galim@galim.co.kr

값 7,000원

ⓒ 유연창, 2004

저자와의 협의하에 인지를 생략합니다.
무단 복제 · 전재를 절대 금합니다.

ISBN 89-89967-12-0 03770

가림출판사 · 가림M&B · 가림Let's의 홈페이지(http://
www.galim.co.kr)에 들어오시면 가림출판사 · 가림M&B · 가
림Let's의 신간도서 및 출간 예정 도서를 포함한 모든 책들을
만나실 수 있습니다.
온라인 서점을 통하여 직접 도서 구입도 하실 수 있으며 가림
홈페이지 내에서 전국 대형 서점들의 사이트에 링크하시어 종
합 신간 안내 및 각종 도서 정보, 책과 관련된 문화 정보를 받
아보실 수 있습니다. 또한 홈페이지 방문시 회원으로 가입하
시면 신간 안내 자료를 보내드립니다.

최근에 우리나라에서 스페인어에 대한 관심이 높아지고 있습니다. 중남미의 여러 나라와 관계가 개선되고 경제·문화교류가 활발해짐에 따라 스페인어의 필요성은 갈수록 고조되고 있습니다.

이런 상황에서 많은 사람들이 해외여행을 통하여 여러 귀중한 체험을 하고, 또 많은 것을 배우고 있습니다.

해외여행은 소중한 기회입니다.

이 소중한 시간에 언어라는 장벽 때문에 여행에 지장을 초래하거나 문제가 발생하는 경우가 있습니다. 이런 문제를 대비하고, 여행자들이 이 소중한 기회를 즐겁고 알차게 잘 이용하도록 하기 위한 것이 이 책의 취지입니다.

해외여행 도중에 당면하게 되거나 발생할 수 있는 모든 상황에서 간단하게 이용할 수 있도록 각 상황별로 필요한 표현을 담았습니다.

따라서 이 책은 귀중한 해외여행에서 여행자들이 쉽고 편하게 이용하여 즐거운 여행을 할 수 있도록 도와드릴 것입니다.

이 책이 스페인 및 중남미 여행에 많은 도움이 되기를 바랍니다.

2004년 4월
유 연 창

Contents

Contents

Contents

Contents

Contents

이 책의 특징

해외여행을 하는데 가장 큰 문제는 언어이다. 어느 곳에서 한 번 발생하고 끝나는 문제가 아니라 항상 발생하는 문제이기 때문이며, 가는 곳마다 새로운 장소이어서 항상 새로운 정보를 구해야만 하기 때문이다. 숙소와 음식점은 어디에 있으며, 각종 관광명소는 몇 시까지 문을 여는지, 기차역은 어디 있으며 내가 타야 하는 기차는 몇 시에 떠나는지 등, 언어는 항상 필요한 도구이며 무시할 수 없는 문제이다. 의사소통이 조금이라도 된다면 그 여행은 한층 더 즐겁고 유익한 여행이 될 것이다. 그 반대로 의사소통이 전혀 되지 않는다면, 그 결과는 누구나 상상할 수 있을 것이다.

이 책은 즐겁고 유익한 여행을 하기 위하여 누구나 손쉽게 이용할 수 있도록 내용을 구성하였다. 이 책에 수록된 기본 문장과 표현은 필수단어로 엄선되어 있기 때문에 스페인이나 중남미로 여행하는 경우에 꼭 필요한 지침서가 될 것이다. 여행 도중에 부딪칠 수 있는 모든 상황을 설정하고 그 상황에서 효과적으로 사용될 수 있는 적절하고 짤막한 표현 위주로 수록하였다.

그리고 스페인어를 전혀 모르는 사람도 말할 수 있도록 각 문장에 아래에 우리말로 원음에 가깝게 발음을 표기하였다. 또 책의 끝 부분에는 가장 많이 사용되는 어휘를 각 분야별과 가나다 순으로 수록하여 누구나 손쉽게 이용할 수 있도록 하였다.

가고자 하는 곳에 대한 간단한 지식

스페인을 알자!

스페인의 총면적은 50만 4788km²이고, 남서부는 포르투갈과 국경을 접하고 있으며, 아프리카 대륙과 접하고 있다. 인구는 약 4000만 명이다. 플라멩코를 비롯한 많은 민속무용이 발달했으며, 프랑스·이탈리아·아랍 풍의 다양한 양식의 건축이 발달하였고 가우디와 같은 세계적인 건축가도 배출했다.

북서부의 대서양 연안은 온난한 해양성 기후로 비가 많이 내리며, 마드리드를 포함하는 중부 고원지대와 남서부는 대륙성의 건조한 기후를 나타낸다. 남동부의 지중해 연안은 전형적인 지중해성 기후로 일년 내내 온난하다. 스페인 내륙 및 남부는 여름 햇볕이 매우 강렬하기 때문에 모자나 선글라스를 준비해야 한다. 특히 7, 8월에는 섭씨 40도를 웃도는 뜨거운 날씨가 약 2~3주 계속된다. 스페인의 계절은 한국의 계절과 비슷하기 때문에 이에 따라 적당하게 옷을 준비해야 한다.

2002년 1월 1일부터 기존의 화폐인 뻬세따(peseta)는 사용하지 않고, 유로화를 사용하기 시작했다.

유로화는 시중은행에서 쉽게 환전할 수 있다.

지폐는 5, 10, 20, 50, 100, 200, 500유로의 7종류가 있고 주화는 1, 2, 5, 10, 20, 50센트(céntimo) 그리고 1, 2 유로 등 8종류가 있다.

스페인 사람은 대체적으로 낭만적이고 대인 관계가 부드러우며 친절한 반면에, 자존심이 강하다. 또한 대화를 즐기며 말이 많고 목소리가 큰 편이다. 또한 춤과 노래를 즐기며 음악이 있는 곳에서는 음악에 도취되어 주위에 신경 쓰지 않고 즐긴다.

음식 문화가 매우 다양하게 발달되어 있으며, 식사시간이 길고 포도주를 즐겨 마시며, 밤늦게까지 담소를 즐긴다.

가톨릭이 국교로 총인구의 95% 이상이 가톨릭 신자이다. 각 지방마다 종교 축제가 있고, 수호 성인으로 받드는 성인의 날을 택하여 다양한 행사와 축제가 열린다.

결혼식, 장례식 등 대부분의 경조사 행사는 가톨릭 식으로 거행된다.

짐 꾸리기 체크

여행할 때에는 최대한 짐이 가벼워야 하고 정확한 여행 스케줄이 필요하다. 짐이 너무 많으면 여행에 방해가 되므로 가방은 너무 크거나 무겁지 않은 것을 선택하고, 보조 가방을 준비하여 여권·비행기표·돈·수첩 같은 중요한 물품을 보관한다.

❋ **여권과 항공권** : 여권과 항공권은 소중히 보관하며, 분실의 경우를 대비하여 앞면을 복사해둔다.

❋ **환전** : 가장 좋은 환전방법은 출국 전에 한국에서 환전하여 준비하는 것이다.

❋ **옷** : 가고자 하는 곳의 계절과 기후를 확인하여 그에 맞는 것을 준비한다.

❋ **구급약** : 평소에 복용하는 약은 반드시 준비해야 하고, 멀미약·감기약·두통약 등도 준비한다.

❋ **여행안내책자** : 여행가기 전에 미리 가고자 하는 나라에 대하여 알아봐야 한다. 요즘에는 여러 국가에 대한 여행안내책자가 많이 나와 있기 때문에 많은 정보를 손쉽게 구할 수 있다.

출국절차

1 최소한 비행기 출발 2~3시간 전에 공항에 도착한다.

2 출입국신고서를 작성한다. 병무신고는 여권, 출입국신고서, 국외여행 허가필증을 준비하여 병무신고센터에 가서 한다.

3 출입국신고서를 작성하여 여권, 항공권과 함께 해당 항공사 카운터에 제출한다. 예약 여부, 여권, 비자 등을 체크한 후에 탑승권을 받게 된다. 그리고 나서 수하물을 부친다.

4 공항 청사 내 은행이나 환전소에서 공항 이용권을 구입한다.

5 3층 출국장에 가서 출국게이트를 지나 보안검색대에서 보안검사를 받는다.

6 출국심사대에서 가서 여권, 탑승권, 출국신고서를 제시하면 출국도장을 찍어준다. 출국도장을 받으면 출국심사대를 통과한다.

7 출국심사대를 통과한 후 시간 여유가 있으면 면세점을 둘러보고 탑승시간에 맞추어 게이트로 간다. 탑승 게이트 번호를 확인하고 출발라운지로 향한다. 탑승이 시작되면 탑승권을 보여주고 탑승통로로 들어간다. 탑승통로는 비행기 입구와 연결되어 있다.

기본의
기본

안녕하세요. <<< **오전 인사**

Buenos días.

부에노스 디아스

안녕하세요. <<< **오후 인사**

Buenas tardes.

부에나스 따르데스

안녕하세요. <<< **저녁 인사**

Buenas noches.

부에나스 노체스

안녕?

¿Qué tal?

께 딸

안녕하세요?

¿Cómo está?

꼬모 에스따

만나서 반갑습니다.

Mucho gusto.

무초 구스또

안녕히 가세요(계세요).

Adiós.

아디오스

나중에 또 봅시다.

Hasta luego.

아스딸 루에고

나중에 또 만나요.

Hasta la vista.

아스딸 라 비스따

내일 만나요.

Hasta mañana.

아스따 마냐나

일요일에 만나요.

Hasta el domingo.

아스따 엘 도밍고

좋은 하루 보내세요!

¡Que pase un buen día!

께 빠세 운 부엔 디아

잘 지내세요.

Que le vaya bien.

껠 레 바야 비엔

가족에게 안부 전해 주세요.

Recuerdos a su familia.

레꾸에르도스 아 수 파밀리아

영어를 합니까?

영어를 할 줄 아세요?

¿Habla usted inglés?

아블라 우스뗏 잉글레스

영어를 조금 할 수 있어요.

Hablo inglés un poco.

아블로 잉글레스 운 뽀꼬

저는 영어를 못 합니다.

No hablo inglés.

노 아블로 잉글레스

다시 말씀해 주세요.

Hable otra vez, por favor.

아블레 오뜨라 베스 뽀르 파보르

제 말을 이해하십니까?

¿Me entiende usted?

메 엔띠엔데 우스뗏

이해 못 하겠습니다.

No entiendo.

노 엔띠엔도

천천히 말씀해 주세요.

Hable despacio, por favor.

아블레 데스빠씨오 뽀르 파보르

크게 말씀해 주세요.

Hable en voz alta, por favor.

아블레 엔 보스 알따 뽀르 파보르

양해를 구할 때

여쭤볼 것이 있습니다.

Tengo una pregunta.

뗑고 우나 쁘레군따

도와주세요.

Ayúdeme, por favor.

아유데메 뽀르 파보르

담배를 피워도 되겠습니까?

¿Puedo fumar?

뿌에도 푸마르

들어가도 될까요?

¿Puedo entrar?

뿌에도 엔뜨라르

여기 앉아도 됩니까?

¿Puedo sentarme aquí?

뿌에도 센따르메 아끼

창문을 열어도 될까요?

¿Puedo abrir la ventana?

뿌에도 아브리를 라 벤따나

전화를 사용할 수 있습니까?

¿Puedo usar el teléfono?

뿌에도 우사르 엘 뗄레포노

성함을 여쭤봐도 될까요?

¿Puedo preguntar por su nombre?

뿌에도 쁘레군따르 뽀르 수 놈브레

재킷을 벗어도 되겠습니까?

¿Puedo quitarme la chaqueta?

뿌에도 끼따르멜 라 차께따

부탁 하나 드려도 될까요?

¿Puedo pedirle un favor?

뿌에도 뻬디를레 운 파보르

당신과 함께 가도 되겠습니까?

¿Puedo ir con usted?

뿌에도 이르 꼰 우스뗏

자신을 소개할 때

성함이 어떻게 되십니까?

¿Cómo se llama usted?

꼬모 세 야마 우스뗏

제 이름은 하나입니다.

Me llamo Hana.

메 야모 하나

어디서 오셨습니까?

¿De dónde es usted?

데 돈데 에스 우스뗏

저는 한국에서 왔습니다.

Soy de Corea.

쏘이 데 꼬레아

저는 23살입니다.

Tengo veintitrés años.

뗑고 뻬인띠뜨레스 아뇨스

저는 학생입니다.

Soy estudiante.

쏘이 에스뚜디안떼

저는 영어선생님입니다.

Soy profesor de inglés.

쏘이 쁘로뻬소르 데 잉글레스

저의 취미는 요리입니다.

Mi afición es cocinar.

미 아피씨온 에스 꼬씨나르

비행기를
탔을 때

내 자리 찾기

제 자리는 어디입니까?

¿Dónde está mi asiento?

돈데 에스따 미 아씨엔또

화장실은 어디에 있습니까?

¿Dónde está el servicio?

돈데 에스따 엘 세르비씨오

지나갈 수 있습니까?

¿Puedo pasar?

뿌에도 빠사르

이 자리는 빈자리 입니까?

¿Este asiento está libre?

에스떼 아씨엔또 에스따 리브레

여기는 제 자리입니다.

Este asiento es mío.

에스떼 아씨엔또 에스 미오

담배를 피울 수 있습니까?

¿Puedo fumar?

뿌에도 푸마르

주위 승객이 불편을 줄 때

좌석을 금연석으로 바꾸고 싶습니다.

Quiero cambiar de asiento al de no fumadores.

끼에로 깜비아르 데 아씨엔또 알 데 노 푸마도레스

아이가 너무 시끄럽군요.

El niño hace mucho ruido.

엘 니뇨 아쎄 무초 루이도

조용히 해주세요.

Silencio, por favor.

실렌시오 뽀르 파보르

의자 등받이를 세워 주시겠어요?

Por favor, ¿puede´levantar el respaldo de su silla?

뽀르 파보르 뿌에데 레반따르 엘 레스빨도 데 수 씰야

불을 좀 꺼주시겠어요?

¿Quiere apagar la luz?

끼에레 아빠가를 라 루스

여기는 제 좌석입니다.

Aquí es mi asiento.

아끼 에스 미 아씨엔또

저와 자리를 바꾸실 수 있습니까?

¿Podría cambiar de asiento conmigo?

뽀드리아 깜비아르 데 아씨엔또 꼰미고

기내에서 서비스 받기와
승무원에게 부탁하고 싶을 때

물 한 잔 주세요.

Tráigame un vaso de agua, por favor.

뜨라이가메 운 바소 데 아구아 뽀르 파보르

차(커피) 한 잔 마시고 싶어요.

Quiero tomar una taza de té(café).

끼에로 또마르 우나 따사 데 떼(까페)

맥주 한 병 주세요.

Una botella de cerveza, por favor.

우나 보떼야 데 쎄르베싸 뽀르 파보르

오렌지 주스를 주세요.

Zumo de naranja, por favor.

쑤모 데 나랑하 뽀르 파브르

베개를 하나 더 주시겠어요?

¿Puede traerme otro almohadón?

뿌에데 뜨라에르메 오뜨로 알모아돈

제 헤드폰이 작동하지 않습니다.

Mi auricular no funciona bien.

미 아우리꿀라르 노 푼씨오나 비엔

멀미약이 있습니까?

¿Tiene medicina contra el mareo?

띠에네 메디씨나 꼰뜨라 엘 마레오

잡지 좀 갖다 주시겠습니까?

¿Puede traerme una revista?

뿌에데 뜨라에르메 우나 레비스따

한국어 신문을 주세요.

Tráigame un periódico en coreano.

뜨라이가메 운 뻬리오디꼬 엔 꼬레아노

몇 시에 마드리드에 도착합니까?

¿A qué hora llega a Madrid?

아 께 오라 예가 아 마드릿

정시에 도착합니까?

¿Llegamos a tiempo?

예가모스 아 띠엠뽀

기내 면세품 사기

이것을 사고 싶은데요.

Quiero comprar esto.

끼에로 꼼쁘라르 에스또

이 향수를 사고 싶어요.

Quiero comprar este perfume.

끼에로 꼼쁘라르 에스떼 뻬르푸메

화장품 있습니까?

¿Tienen cosméticos?

띠에넨 꼬스메띠꼬스

넥타이 있습니까?

¿Tienen corbatas?

띠에넨 꼬르바따스

이것은 어디 제품입니까?

¿De dónde es esto?

데 돈데 에스 에스또

어느 것이 더 좋은가요?

¿Cuál es lo mejor?

꾸알 에슬 로 메호르

얼마입니까?

¿Cuánto es?

꾸안또 에스

좀 더 싼 것은 없습니까?

¿No hay otro más barato?

노 아이 오뜨로 마스 바라또

달러도 받습니까?

¿Aceptan dólares?

아셉딴 돌라레스

신용카드로 결제할 수 있습니까?

¿Puedo pagar con la tarjeta de crédito?

뿌에도 빠가르 꼰 라 따르헤따 데 끄레디또

몸의 상태가 좋지 않을 때

멀미가 좀 납니다.

Estoy un poco mareado.

에스또이 운 뽀꼬 마레아도

소화제 있습니까?

¿Tiene algún digestivo?

띠에네 알군 디헤스띠보

감기에 걸렸어요.

Estoy resfriado.

에스또이 레스프리아도

열이 있습니다.

Tengo fiebre.

뗑고 피에브레

기침이 많이 납니다.

Tengo mucho tos.

뗑고 무초 또스

두통약을 주시겠어요?

¿Puede traerme alguna medicina para el dolor de cabeza?

뿌에데 뜨라에르메 알구나 메디시나 빠라 엘 돌로르 데 까베사

나중에 식사를 해도 됩니까?

¿Podría tomar la comida más tarde?

뽀드리아 또마를 라 꼬미다 마스 따르데

입국신고서를 작성해 주세요.

Rellene este formulario, por favor.

레예네 에스떼 포르물라리오 뽀르 파보르

입국신고서 한 장 주세요.

Déme un formulario de inmigración.

데메 운 포르물라리오 데 인미그라씨온

볼펜 좀 빌려 주시겠어요?

¿Puede dejarme el bolígrafo?

뿌에데 데하르메 엘 볼리그라포

이 서류를 어떻게 써야 하는지 가르쳐 주세요.

Enséñame cómo llenar este documento.

엔세냐메 꼬모 예나르 에스떼 도꾸멘또

여기에 무엇을 써야 합니까?

¿Qué se pone aquí?

께 세 뽀네 아끼

한 장 더 주세요.

Otro formulario, por favor.

오뜨로 포르물라리오 뽀르 파보르

도와주셔서 감사합니다.

Gracias por su ayuda.

그라씨아스 뽀르 수 아유다

도착한
공항에서

입국심사

 기내에서 승무원이 나누어 준 입국신고서와 세관신고서를 영어로 간단하게 작성해서 보관한다.

비행기에서 내려서 통로를 따라가면 입국심사대가 나온다. 입국심사대는 내국인용, 유럽국가용, 외국인용으로 되어 있는데 우리는 외국인용에서 줄을 서서 기다린다. 차례가 되면 여권과 입국신고서를 제출한다. 그리고 간단한 질문에 대답하면 여권에 입국도장을 찍어준다. 아무 질문도 없이 도장만 찍어줄 때도 있다. 입국심사대를 통과하면 출발지에서 보낸 수하물을 찾는다.

세관 통과하기

짐을 찾은 후에 세관심사대로 간다. 그곳을 통과해야 입국수속이 끝나는 것이다. 세관에 신고할 물건이 없는 사람은 녹색으로 표시된 「Nothing to Declare」쪽으로 가서 비행기에서 작성한 세관신고서와 여권을 세관원에게 제출한다.

간혹 세관신고서를 작성하지 않는 나라도 있다. 입국심사와 마찬가지로 특별한 물품이 있는 경우가 아니면 별 문제 없이 통과한다.

다른 비행기로 갈아탈 때

마드리드에 가려면 파리에서 갈아타세요.

Para Madrid hagan transbordo en París.

빠라 마드릿 아간 뜨란스보르도 엔 빠리스

이베리아 항공사 카운터가 어디에 있습니까?

¿Dónde está el mostrador de IBERIA?

돈데 에스따 엘 모스뜨라도르 데 이베리아

몇 시에 탑승합니까?

¿A qué hora embarcamos?

아 께 오라 엠바르까모스

탑승구는 몇 번입니까?

¿Cuál es el número de puerta?

꾸알 에스 엘 누메로 데 뿌에르따

입국심사대에서

방문 목적은 무엇입니까?

¿Cuál es el motivo de su viaje?

꾸알 에스 엘 모띠보 데 수 비아헤

관광입니다.

Para turismo.

빠라 뚜리스모

친척들을 방문하려고 합니다.

Voy a visitar a mis parientes.

보이 아 비씨따르 아 미스 빠리엔떼스

회의에 참석하려고 왔습니다.

Para participar en una conferencia.

빠라 빠르띠시빠르 엔 우나 꼰페렌시아

얼마나 머물 예정입니까?

¿Cuántos días piensa quedarse?

꾸안또스 디아스 삐엔사 께다르세

약 2개월 머물 것입니다.

Dos meses, más o menos.

도스 메세스 마스 오 메노스

어디에서 숙박하실 것입니까?

¿Dónde va a hospedarse?

돈데 바 아 오스뻬다르세

친구 집에 가려고 합니다.

Voy a la casa de mi amigo.

보이 알 라 까사 데 미 아미고

돌아가실 항공권은 있습니까?

¿Tiene usted el billete de vuelta?

띠에네 우스뗏 엘 빌예떼 데 부엘따

비자를 갖고 계십니까?

¿Tiene visado?

띠에네 비사도

짐을 찾을 수 없을 때

어디에서 짐을 찾을 수 있습니까?

¿Dónde se puede recoger el equipaje?

돈데 세 뿌에데 레꼬헤르 엘 에끼빠헤

가방 한 개가 부족합니다.

Me falta una maleta.

메 팔따 우나 말레따

짐이 아직 도착하지 않았습니다.

Todavía no ha llegado mi equipaje.

또다비아 노 아 예가도 미 에끼빠헤

가방 한 개를 분실했습니다.

He perdido una maleta.

에 뻬르디도 우나 말레따

어느 비행기로 오셨습니까?

¿En qué vuelo llegó usted?

엔 꼐 부엘로 예고 우스뗏

이베리아 702편으로 왔습니다.

En Iberia 702.

엔 이베리아 씨에떼 쎄로 도스

저기 제 가방이 있군요.

Allí está mi maleta.

아이 에스따 미 말레따

미안합니다, 당신 가방을 제 가방으로 착각했습니다.

Lo siento, equivoqué su maleta con la mía.

로 씨엔또 에끼보께 수 말레따 꼰 라 미아

세관을 통과할 때

여권과 신고서를 보여주세요.

Su pasaporte y declaración, por favor.

수 빠사뽀르떼 이 데끌라라씨온 뽀르 파보르

신고하실 물건이 있습니까?

¿Tiene algo de declarar?

띠에네 알고 데 데끌라라르

저는 신고할 것을 갖고 있지 않습니다.

No tengo nada de declarar.

노 뗑고 나다 데 데끌라라르

가방을 몇 개나 갖고 계십니까?

¿Cuántas maletas tiene usted, señor?

꾸안따스 말레따스 띠에네 우스뗏 쎄뇨르

큰 가방 한 개와 작은 가방 두 개를 갖고 있습니다.

Una maleta grande y dos pequeñas.

우나 말레따 그란데 이 도스 뻬께냐스

가방에 무엇이 들어 있습니까?

¿Qué tiene usted en la maleta?

께 띠에네 우스뗏 엔 라 말레따

위스키 두 병을 갖고 있습니다.

Tengo dos botellas de whisky.

뗑고 도스 보떼야스 데 위스끼

제 개인소지품입니다.

Son mis cosas personales.

손 미스 꼬사스 뻬르소날레스

친구들에게 줄 선물입니다.

Son regalos para mis amigos.

손 레갈로스 빠라 미스 아미고스

옷만 있습니다.

Sólo tengo ropa.

솔로 뗑고 로빠

제가 세금을 내야 합니까?

¿Tengo que pagar impuestos?

뗑고 께 빠가르 임뿌에스또스

환전할 때

환전소가 어디에 있습니까?

¿Dónde está la oficina de cambio?

돈데 에스딸 라 오피씨나 데 깜비오

어디에서 돈을 바꿀 수 있습니까?

¿Dónde puedo cambiar la moneda?

돈데 뿌에도 깜비아를 라 모네다

환전소는 몇 시까지 문을 엽니까?

¿Hasta qué hora está abierta la oficina de cambio?

아쓰따 께 오라 에스따 아비에르따 라 오피씨나 데 깜비오

오늘의 환율은 얼마입니까?

¿Cuál es el cambio de hoy?

꾸알 에스 엘 깜비오 데 오이

오늘의 환율은 얼마입니까?

¿A cómo está el cambio de hoy?

아 꼬모 에스따 엘 깜비오 데 오이

200달러를 바꿔 주세요.

Cámbieme doscientos dólares.

깜비에메 도스씨엔또스 돌라레스

이 여행자 수표를 유로화로 바꾸려 합니다.

Quiero cambiar este cheque de viaje en euros.

끼에로 깜비아르 에스떼 체께 데 비아헤 엔 에우로스

이 지폐를 동전으로 바꿔 주세요.

Cambie este billete en monedas.

깜비에 에스떼 빌예떼 엔 모네다스

수수료는 얼마입니까?

¿Cuánto es de comisión?

꾸안또 에스 데 꼬미씨온

공항에서 목적지까지 가는 방법

관광안내소가 어디에 있습니까?
¿Dónde está la oficina de información de turismo?
돈데 에스딸 라 오피씨나 데 인포르마씨온 데 뚜리스모

시내지도가 있습니까?
¿Tiene un mapa de la ciudad?
띠에에 운 마빠 델 라 씨우닷

시내로 가는 버스가 있습니까?
¿Hay autobús para ir al centro?
아이 아우또부스 빠라 이르 알 쎈뜨로

버스 정류장은 어디에 있습니까?
¿Dónde está la parada de autobús?
돈데 에스딸 라 빠라다 데 아우또부스

택시 정류장은 어디에 있습니까?
¿Dónde está la parada de taxis?
돈데 에스딸 라 빠라다 데 딱시스

택시는 어디에서 탈 수 있습니까?

¿Dónde se toma el taxi?

돈데 세 또마 엘 딱시

이 주소로 가주세요.

Vamos a esta dirección, por favor.

바모스 아 에스따 디렉씨온 뽀르 파보르

세르반테스 호텔로 갑시다.

Al Hotel Cervantes, por favor.

알 오뗄 쎄르반떼스 뽀르 파보르

여기에서 시내까지 얼마나 걸립니까?

¿Cuánto tiempo se tarda en llegar al centro de aquí?

꾸안또 띠엠뽀 세 따르다 엔 예가르 알 센뜨로 데 아끼

약 40분 걸립니다.

Unos cuarenta minutos.

우노스 꾸아렌따 미누또스

숙소
에서

호텔이나 그 밖의 정보

스페인에는 전 지역에 걸쳐 호텔(hotel), 레지덴시아(residencia), 오스딸(hostal), 빠라도르(parador) 등과 같은 다양한 종류의 숙박시설이 많이 있기 때문에 관광객이 편리하게 이용할 수 있다.

스페인에서는 현지에 도착해서 숙박을 정할 수 있다. 공항이나 기차역, 버스터미널에 숙박 예약을 해주는 곳이 많이 있다. 공항 안내소에서 안내를 받아 시내 중심가로 가서 숙소를 구하는 방법도 있다. 보통 별이 세 개인 호텔이 숙소로 적합하다. 호텔 방을 예약하려면 직접 찾아가거나 전화를 이용한다.

여행 목적지에 도착하면 호텔에 가서 체크인부터 하고 나서 관광하는 것이 좋다.

스페인에서는 체크인하는 시간이 꼭 정해져 있는 것은 아니지만 12시나 2시 이후에 체크인을 할 수 있다.

예약 여부를 확인한 후에 체크인한다.

룸 서비스는 호텔 측에서 식사를 방으로 갖다주거나, 방 청소와 정리, 모닝콜, 세탁 등을 해주는 서비스를 말한다. 일반적으로 객실에 있는 전화기 옆에 해당 서비스 전화번호가 있으니 그것을 이용하면 된다.

호텔 객실의 전화를 이용하면 호텔 교환원의 서비스를 받아야 하기 때문에 일반전화요금보다 비싸니 호텔 로비에 있는 공중전화를 이용하는 것이 가장 좋다.

체크아웃은 호텔을 떠나는 마지막 절차로 방 열쇠를 반납하고 객실 요금과 미니바, 전화 등의 호텔 부대시설을 이용한 요금을 지불하는 것이다. 대부분의 호텔에서 현금 외에 신용카드나 여행자 수표로 지불할 수 있다.

내게 맞는 숙소 정하기

호텔안내서가 있습니까?

¿Tiene una lista de hoteles?

띠에네 우나 리스따 데 오뗄레스

저는 오늘밤 묵을 호텔을 예약하려고 합니다.

Quiero reservar un hotel para esta noche.

끼에로 레세르바르 운 오뗄 빠라 에스따 노체

시내중심가의 호텔을 알려 주세요.

Enséñeme algún hotel del centro de la ciudad.

엔세녜메 알군 오뗄 델 센뜨로 델 라 씨우닷

기차역 가까이에 있는 호텔을 알려 주시겠어요?

¿Podría indicarme algún hotel cerca de la estación?

뽀드리아 인디까르메 알군 오뗄 쎄르까 델 라 에스따씨온

저는 비싸지 않은 호텔을 찾고 있습니다.

Quiero un hotel que no sea caro.

끼에로 운 오뗄 께 노 세아 까로

방을 예약하고 싶습니다.

Quiero reservar una habitación.

끼에로 레세르바르 우나 아비따씨온

하루에 얼마입니까?

¿Cuánto cuesta por una noche?

꾸안또 꾸에스따 뽀르 우나 노체

호텔 예약 및 체크인할 때

이 호텔에서 머물려고 합니다.

Quiero hospedarme en este hotel.

끼에로 오스뻬다르메 엔 에스떼 오뗄

여행사를 통하여 방을 예약했습니다.

Tengo reservada la habitación a través de la Agencia de viajes.

뗑고 레세르바달 라 아비따씨온 아 뜨라베스 델 라 아헨씨아 데 비아헤스

오늘밤 묵을 수 있는 빈방이 있습니까?

¿Tiene habitación libre para esta noche?

띠에네 아비따씨온 리브레 빠라 에스따 노체

얼마입니까?

¿Cuánto cuesta la habitación?

꾸안또 꾸에스딸 라 아비따씨온

조용한 방으로 주세요.

Quiero una habitación tranquila.

끼에로 우나 아비따씨온 뜨랑낄라

지금 바로 방을 사용할 수 있습니까?

¿Puedo ocupar ahora mismo la habitación?

뿌에도 오꾸빠르 아오라 미스모 라 아비따씨온

호텔에서 얼마나 머무실 것입니까?

¿Cuánto tiempo va a estar en el hotel?

꾸안또 띠엠뽀 바 아 에스따르 엔 엘 오뗄

여권 좀 보여주시겠습니까?

¿Tiene usted su pasaporte, por favor?

띠에네 우스뗏 수 빠사뽀르떼 뽀르 파보르

몇 시에 방을 비워야 합니까?

¿A qué hora tengo que dejar la habitación?

아 께 오라 뗑고 께 데하를 라 아비따씨온

하루 더 묵고 싶습니다.

Quiero estar aquí un día más.

끼에로 에스따르 아끼 운 디아 마스

필요한 것이 있을 때 룸 서비스 받는 요령

여기 802호실입니다. 룸 서비스 부탁합니다.

Aquí la habitación 802.

Servicio de habitación, por favor.

아낄 라 아비따씨온 오초 쎄로 도스

쎄르비씨오 데 아비띠씨온 뽀르 파보르

룸 서비스 입니까?

¿Es el servicio de habitaciones?

에스 엘 쎄르비씨오 데 아비따씨오네스

얼음과 물을 갖다 주세요.

Por favor, tráigame hielo y agua.

뽀르 파보르 뜨라이가메 이엘로 이 아구아

맥주 두 병 부탁합니다.

Dos botellas de cerveza, por favor.

도스 보떼야스 데 쎄르베싸 뽀르 파보르

얼음 넣은 위스키를 보내주시겠습니까?

¿Puede mandarme un whisky con hielo?

뿌에데 만다르메 운 위스끼 꼰 이엘로

햄샌드위치와 밀크커피를 원합니다.

Quiero un bocadillo de jamón y un café con leche.

끼에로 운 보까딜요 데 하몬 이 운 까페 꼰 레체

아침 7시에 깨워주실 수 있습니까?

¿Puede despertarme a las siete de la mañana?

뿌에데 데스뻬르따르메 알 라스 씨에떼 델 라 마냐나

한국으로 전화를 하고 싶습니다.

Quiero hacer una llamada a Corea.

끼에로 아쎄르 우나 야마다 아 꼬레아

수신자부담 통화를 부탁합니다.

Llamada a cobro revertido, por favor.

야마다 아 꼬브로 레베르띠도 뽀르 파보르

베개가 한 개 더 필요합니다.

Necesito otra almohada.

네쎄씨또 오뜨라 알모아다

호텔 편의시설 이용하기

식 사

식당은 어디에 있습니까?

¿Dónde está el comedor?

돈데 에스따 엘 꼬메도르

몇 시에 아침 식사를 할 수 있습니까?

¿A qué hora puedo tomar el desayuno?

아 께 오라 뿌에도 또마르 엘 데사유노

여기가 아침 식사를 할 수 있는 식당입니까?

¿Aquí es el comedor para desayuno?

아끼 에스 엘 꼬메도르 빠라 데사유노

컨티넨탈식 아침 식사를 하겠습니다.

Quiero un desayuno continental.

끼에로 운 데사유노 꼰띠넨딸

내일 아침 식사를 주문하고 싶습니다.

Quiero pedir el desayuno para mañana.

끼에로 뻬디르 엘 데사유노 빠라 마냐나

세 탁

세탁서비스가 있습니까?

¿Tienen servicio de lavado?

띠에넨 세르비씨오 델 라바도

드라이클리닝을 부탁합니다.

Lavado en seco, por favor.

라바도 엔 세꼬 뽀르 파보르

몇 시에 세탁실로 옷을 보낼 수 있습니까?

¿A qué hora puede mandar la ropa a la lavandería?

아 께 오라 뿌에데 만다를 라 로빠 알 라 라반데리아

이 옷을 다림질 해주세요.

Pláncheme esta ropa, por favor.

쁠란체메 에스따 로빠 뽀르 파보르

이 치마를 드라이클리닝 해주실 수 있습니까?

¿Me pueden lavar en seco esta falda?

메 뿌에덴 라바르 엔 쎄꼬 에스따 팔다

언제 될까요?

¿Cuándo estará listo?

꾸안도 에스따랄 리스또

내일까지 다 되겠습니까?

¿Estará listo para mañana?

에스따랄 리스또 빠라 마냐나

저는 오늘 저녁 그것이 필요합니다.

La necesito para esta noche.

라 네쎄씨또 빠라 에스따 노체

미장원 · 이발소

오늘 오후 5시 예약을 원합니다.

Quiero hacer una reserva para las 5 de esta tarde.

끼에로 아쎄르 우나 레세르바 빠랄 라스 씽꼬 데 에스따 따르데

머리를 감기고 빗겨 주세요.

Lavado y peinado, por favor.

라바도 이 뻬이나도 뽀르 파보르

머리를 깎아 주세요.

Córteme el pelo, por favor.

꼬르떼메 엘 뻴로 뽀르 파보르

75

컷하고 파마해 주세요.

Quiero corte y permanente, por favor.

끼에로 꼬르떼 이 뻬르마넨떼 뽀르 파보르

이 사진의 머리처럼 해주세요.

Hágame el pelo como el de esta foto.

아가메 엘 뻴로 꼬모 엘 데 에스따 포또

최신 유행이 어떤 것입니까?

¿Cuál es la última moda?

꾸알 에슬 라 울띠마 모다

머리를 자르고 샴푸하는데 얼마입니까?

¿Cuánto cuesta el corte de pelo con lavado?

꾸안또 꾸에스따 엘 꼬르떼 데 뻴로 꼰 라바도

체크아웃할 때

체크아웃하려고 합니다.

Quiero dejar la habitación.

끼에로 데하를 라 아비따씨온

저는 내일 아침 8시에 나가려고 합니다.

Voy a salir a las ocho de la mañana.

보이 아 살리르 알 라스 오초 델 라 마냐나

몇 시에 방을 비워야 합니까?

¿A qué hora tenemos que dejar el cuarto?

아 께 오라 떼네모스 께 데하르 엘 꾸아르또

12시까지 방을 비워주시면 됩니다.

Puede dejarla hasta las doce.

뿌레데 데하를라 아스딸 라스 도쎄

몇 호실입니까?

¿Cuál es el número de la habitación?

꾸알 에스 엘 누메로 델 라 아비따씨온

지금 계산하려고 합니다.

Quiero pagar la cuenta ahora.

끼에로 빠가를 라 꾸엔따 아오라

신용카드를 받습니까?

¿Aceptan tarjetas de crédito?

아쎕딴 따르헤따스 데 끄레디또

여행자 수표로 지불하겠습니다.

Voy a pagar con cheques de viaje.

보이 아 빠가르 꼰 체께스 데 비아헤

택시 좀 불러주세요.

Por favor, llame un taxi.

뽀르 파보르 야메 운 딱시

몸이 아파요.

Me siento mal.

메 시엔또 말

이 방은 너무 시끄럽습니다.

Esta habitación es muy ruidosa.

에스따 아비따씨온 에스 무이 루이도사

열쇠를 방안에 두고 나왔습니다.

Olvidé la llave dentro de mi habitación.

올비델 라 야베 덴뜨로 데 미 아비따씨온

열쇠를 잃어버렸습니다.

He perdido la llave.

에 뻬르디돌 라 야베

온수가 나오지 않습니다.

No sale el agua caliente.

노 살레 엘 아구아 깔리엔떼

물이 충분히 따뜻하지 않습니다.

El agua no está bastante caliente.

엘 아구아 노 에스따 바스딴떼 깔리엔떼

화장실의 물이 내려가지 않습니다.

No vierte el agua del excusado.

노 비에르떼 엘 아구아 델 에스꾸사도

수도꼭지가 작동하지 않습니다.

El grifo no funciona.

엘 그리포 노 푼씨오나

세면대의 물이 내려가지 않습니다.

El lavabo está atascado.

엘 라바보 에스따 아따스까도

방의 불이 켜지지 않습니다.

No se enciende la luz de la habitación.

노 세 엔시엔데 랄 루스 델 라 아비따씨온

식당
에서

식당에서

스페인 사람들은 우유, 주스, 커피와 토스트 등으로 하는 가벼운 아침 식사를 제외하고는 점심 식사와 저녁 식사는 양도 푸짐하고 식사를 하는 시간도 길며, 항상 포도주를 같이 마신다.

스페인의 전통 요리에는 발렌시아의 빠에야(paella), 마드리드의 꼬치니요 아사도(cochinillo asado), 갈리시아의 해산물 요리, 그리고 하몬(jamón) 등이 있다.

빠에야는 스페인의 대표적인 요리로 팬에 올리브유를 잘 바른 후 양파, 마늘 등의 양념과 돼지고기, 닭고기 또는 해산물 등을 넣고 볶다가 쌀과 사프란이라는 노란색 향료를 넣어 만든 우리 입맛에도 잘 맞는 음식이다.

우리나라의 볶음밥과 비슷한 빠에야는 매우 대중적인 음식으로 쉽게 접할 수 있고 지역마다 종류도 다양하다. 스페인 사람들이 즐겨 먹는 것은 다양한 해산물이 들어간 발렌시아 빠에야이다.

꼬치니요 아사도는 새끼돼지에 와인과 소스를 발라 가마 속에서 통째로 노릇노릇하게 구운 음식이다. 요리에 사용되는 돼지는 태어난 지 얼마 되지 않은 새끼돼지라서 고기가 연하고 맛이 좋다. 보통 와인과 함께 먹는다.

하몬은 돼지의 넓적다리 부분의 고기로 일반 햄처럼 샌드위치에 넣어 먹기도 하고 그냥 먹기도 하는데, 종류에 따라 맛과 가격이 천차만별이다.

음식점에서 흔히 볼 수 있는 하몬은 마치 곰팡이가 피어 있는 듯한 돼지 다리를 매달아 놓아 처음에는 불결해 보이지만, 스페인에 가면 한번 정도는 먹어볼 만한 음식이다.

맛있는 음식점 찾기

이 근처에 좋은 식당이 있습니까?

¿Hay un buen restaurante cerca de aquí?

아이 운 부엔 레스따우란떼 쎄르까 데 아끼

너무 값이 비싸지 않은 식당을 원합니다.

Prefiero un restaurante que no sea muy caro.

쁘레피에로 운 레스따우란떼 께 노 세아 무이 까로

한국 식당은 어디에 있습니까?

¿Dónde está el restaurante coreano?

돈데 에스따 엘 레스따우란떼 꼬레아노

이 도시에 한국 식당이 있습니까?

¿Hay un restaurante coreano en esta ciudad?

아이 운 레스따우란떼 꼬레아노 엔 에스따 씨우닷

이 도시에 중국 식당이 있습니까?

¿Hay un restaurante chino en esta ciudad?

아이 운 레스따우란떼 치노 엔 에스따 씨우닷

조용한 분위기의 식당을 원합니다.

Quiero un restaurante con un ambiente tranquilo.

끼에로 운 레스따우란떼 꼰 운 암비엔떼 뜨랑낄로

예약을 해야 합니까?

¿Tengo que hacer una reserva?

뗑고 께 아쎄르 우나 레쎄르바

그 식당이 어디에 있습니까?

¿Dónde está ese restaurante?

돈데 에스따 엣세 레스따우란떼

그 식당은 몇 시에 문을 닫습니까?

¿A qué hora cierra ese restaurante?

아 께 오라 씨에라 엣세 레스따우란떼

테이블을 예약하고 싶습니다.

Quiero reservar una mesa.

끼에로 레세르바르 우나 메사

오늘 밤 식사를 예약하고 싶습니다.

Quiero reservar una mesa para esta noche.

끼에로 게세르바르 우나 메사 빠라 에스따 노체

몇 분이십니까, 선생님?

¿Cuántos son, señor?

꾸안또스 손 세뇨르

네 사람의 식사를 예약하고 싶습니다.

Quiero reservar una mesa para cuatro personas.

끼에로 레세르바르 우나 메사 빠라 꾸아뜨로 뻬르소나스

어떻게 옷을 입어야 한다는 규정이 있습니까?

¿Hay alguna regla del vestido?

아이 알구나 레글라 델 베스띠도

넥타이를 매고 오십시오.

Lleve corbata, por favor.

예베 꼬르바따 뽀르 파보르

금연석을 부탁합니다.

Una mesa para no fumadores, por favor.

우나 메사 빠라 노 푸마도레스 뽀르 파보르

창 쪽의 테이블을 원합니다.

Quiero una mesa al lado de la ventana.

끼에로 우나 메사 알 라도 델 라 벤따나

오늘 밤 예약을 취소하고 싶습니다.

Quiero cancelar mi reserva de esta noche.

끼에로 깐셀라르 미 레세르바 데 에스따 노체

안내 받기

빈자리가 있습니까?

¿Hay una mesa libre?

아이 우나 메살 리브레

네 사람이 앉을 빈자리가 있습니까?

¿Tienen una mesa para cuatro personas?

띠에넨 우나 메사 빠라 꾸아뜨로 뻬르소나스

오늘 저녁 식사 예약을 했습니다.

He reservado una mesa para esta noche.

에 레세르바도 우나 메사 빠라 에스따 노체

**우리는 세 사람인데 예약을 하지 않았습니다.
빈 테이블이 있습니까?**

Somos tres y no tenemos reserva.

¿Hay alguna mesa libre?

소모스 뜨레스 이 노 떼네모스 레세르바 아이 알군나 메살 리브레

지금 식사가 됩니까?

¿Es posible una comida ahora?

에스 뽀시블레 우나 꼬미다 아오라

창 쪽의 테이블을 원합니다.

Quiero una mesa al lado de la ventana.

끼에로 우나 메사 알 라도 델 라 벤따나

흡연석이나 금연석 중 어느 자리를 원하십니까?

¿Prefiere la mesa para fumadores o no fumadores?

쁘레피에레 라 메사 빠라 푸마도레스 오 노 푸마도레스

흡연석을 원합니다.

Para fumadores, por favor.

빠라 푸마도레스 뽀르 파보르

웨이터, 메뉴판 좀 부탁합니다.

Camarero, el menú, por favor.

까메레로 엘 메누 뽀르 파보르

여기 있습니다, 손님.

Aquí lo tiene, señor.

아낄 로 띠에네 세뇨르

오늘의 특별 요리는 무엇입니까?

¿Qué es el plato especial de hoy?

께 에스 엘 쁠라또 에스뻬시알 데 오이

이 지역의 향토 음식이 있습니까?

¿Hay platos típicos de esta región?

아이 쁠라또스 띠뻬꼬스 데 에스따 레히온

영어로 된 메뉴판이 있습니까?

¿Tienen el menú escrito en inglés?

띠에네 엘 메누 에스끄리또 엔 잉글레스

이 음식은 어떤 것입니까?

¿Cómo es este plato?

꼬모 에스 에스떼 쁠라또

저는 정식을 먹겠습니다.

Quiero tomar el menú del día.

끼에로 또마르 엘 메누 델 디아

양파 수프와 스테이크를 주세요.

Una sopa de cebolla y un bistec.

우나 소빠 데 쎄볼야 이 운 비스떽

감자튀김을 주세요. 그리고 맥주도 한 병 주세요.

Patatas fritas, y una botella de cerveza.

빠따따스 프리따스 이 우나 보떼야 데 쎄르베싸

적포도주 한 병 주세요.

Una botella de vino tinto, por favor.

우나 보떼야 데 비노 띤또 뽀르 파보르

냅킨 좀 주세요.

Tráigame la servilleta.

뜨라이가멜 라 세르빌예따

빵을 조금만 더 주세요.

Un poco más de pan, por favor.

운 뽀꼬 마스 데 빵, 뽀르 파보르

버터 좀 건네 주세요.

Pásame la mantequilla.

빠사멜 라 만떼낄야

작은 접시를 하나 더 주세요.

Otro plato pequeño, por favor.

오뜨로 쁠라또 뻬께뇨 뽀르 파보르

음식을 너무 짜지 않게 해주세요.

No preparen el plato tan salado.

노 쁘레빠렌 엘 쁠라또 딴 살라도

푹 익혀 주세요. (고기)

Bien asado, por favor.

비엔 아사도 뽀르 파보르

가능한 한 빨리 주세요.

Sirvan lo más pronto posible.

씨르반 로 마스 쁘론또 뽀시블레

여기서 담배를 피워도 됩니까?

¿Se puede fumar aquí?

세 뿌에데 푸마르 아끼

메뉴를 볼 수 있습니까?

¿Puedo ver el menú?

뿌에도 베르 엘 메누

메뉴판 좀 부탁합니다.

La carta, por favor.

라 까르따 뽀르 파보르

후식이 있습니까?

¿Puedo tomar el postre?

뿌에도 또마르 엘 뽀스뜨레

치즈를 조금만 주세요.

Quiero un poco de queso.

끼에로 운 뽀꼬 데 께소

아이스크림을 주세요.

Quiero un helado.

끼에로 운 엘라도

그것을 조금만 주시겠습니까?

¿Me da un poco de eso?

메다 운 뽀꼬 데 엣소

과일을 먹을 수 있습니까?

¿Puedo tomar frutas?

뿌에도 또마르 프루따스

후식을 원하지 않습니다. 감사합니다.

No quiero postre, gracias.

노 끼에로 뽀스뜨레 그라씨아스

음식값 지불하기

얼마입니까?

¿Cuánto es?

꾸안또 에스

계산서를 주세요.

La cuenta, por favor.

라 꾸엔따 뽀르 파보르

신용카드를 받습니까?

¿Acepta usted tarjetas de crédito?

아셉따 우스뗏 따르헤따스 데 끄레디또

여행자 수표로 내도 되나요?

¿Se puede pagar con cheque de viaje?

세 뿌에데 빠가르 꼰 체께 데 비아헤

영수증을 주세요.

El recibo de pago, por favor.

엘 레씨보 데 빠고 뽀르 파보르

이것은 제가 내겠습니다.

Esto lo pago yo.

에스또 로 빠고 요

제가 사는 것입니다(제가 내겠습니다).

Le invito yo.

레 인비또 요

우리는 각자 낼 것입니다.

Vamos a pagar por separado.

바모스 아 빠가르 뽀르 세빠라도

거스름돈은 당신이 가지세요.

Quédese con el cambio.

께데세 꼰 엘 깜비오

당신이 가지세요.

Es para usted.

에스 빠라 우스뗏

술 한잔하기 & 차 한 잔 하기.

저에게 포도주를 추천해 주세요.

Recomiéndeme algún vino, por favor.

레꼬미엔데메 알군 비노 포르 파보르

프랑스산 포도주입니까?

¿Es el vino francés?

에스 엘 비노 프란세스

스페인산 포도주는 프랑스산 포도주만큼 좋습니다.

El vino español es tan bueno como el francés.

엘 비노 에스빠뇰 에스 딴 부에노 꼬모 엘 프란세스

스페인산 포도주를 마셔 보고 싶습니다.

Quiero probar el vino español.

끼에로 쁘로바르 엘 비노 에스빠뇰

포도주를 잔으로 주문할 수 있습니까?

¿Puedo pedir el vino en vaso?

뿌에도 뻬디르 엘 비노 엔 바소

이 지방산 맥주가 있습니까?

¿Hay alguna cerveza local?

아이 알구나 쎄르베싸 로깔

맥주 두 병 주세요.

Dos botellas de cerveza, por favor.

도스 보떼야스 데 쎄르베싸 뽀르 파보르

오렌지 주스 주세요.

El zumo de naranja, por favor.

엘 쑤모 데 나랑하 뽀르 파보르

밀크커피 두 잔 주세요.

Dos cafés con leche, por favor.

도스 까페스 꼰 레체 뽀르 파보르

패스트푸드점 이용하기

여기는 셀프서비스입니까?

¿Aquí es autoservicio?

아끼 에스 아우또세르비씨오

햄버거 한 개와 맥주를 주세요.

Quiero una hamburguesa y una cerveza.

끼에로 우나 암부르게사 이 우나 쎄르베싸

핫도그 한 개와 콜라 큰 것으로 한 잔 주세요.

Quiero un perro caliente y una cocacola grande.

끼에로 운 뻬로 깔리엔떼 이 우나 꼬까꼴라 그란데

그리고 감자튀김과 밀크커피를 주세요.

Y patatas fritas y café con leche, por favor.

이 빠따따스 프리따스 이 까페 꼰 레체 뽀르 파보르

여기서 드실 겁니까?

¿Se va a comer aquí?

쎄 바 아 꼬메르 아끼

여기서 드실 겁니까? 아니면 가져가실 겁니까?

¿Lo toma aquí o es para llevar?

로 또마 아끼 오 에스 빠라 예바르

선불입니까?

¿Hay que pagar por adelantado?

아이 께 빠가르 뽀르 아델란따도

거리
에서

거리에서

스페인은 유적지가 많은 나라이므로 볼 거리도 많다. 여름에 스페인을 여행하는 경우 여름옷을 준비하고 또 햇빛이 강하므로 선글라스도 챙긴다.

관광안내소는 주로 공항, 역, 시내 중심가에 있으며 여기에서 숙박, 관광 등에 대한 정보와 각종 지도를 얻을 수 있다.

관광안내소 (oficina de turismo)

관광안내소가 어디에 있습니까?
¿Dónde está la oficina de información de turismo?
돈데 에스딸 라 오피씨나 데 인포르마씨온 데 뚜리스모

시내지도가 있습니까?
¿Tiene un mapa de la ciudad?
띠에에 운 마빠 델 라 씨우닷

유적지를 추천해 주시겠습니까?
¿Podría recomendarme un lugar histórico?
뽀드리아 레꼬멘다르메 운 루가르 이스또리꼬

세비야를 방문하고 싶습니다.
Quiero visitar Sevilla.
끼에로 비씨따르 세빌야

세고비아를 여행하는 코스가 있습니까?
¿Hay alguna excursión para Segovia?
아이 알구나 에스꾸르씨온 빠라 세고비아

1인당 비용이 얼마입니까?

¿Cuál es el precio por persona?

꾸알 에스 엘 쁘레씨오 뽀르 뻬르소나

몇 시에 출발합니까?

¿A qué hora sale?

아 께 오라 살레

길을 잃었을 때

길을 잃었습니다.

Me he perdido.

메 에 뻬르디도

이 길은 어디로 갑니까?

¿Adónde se va esta calle?

아 돈데 세 바 에스따 깔예

저에게 약도를 그려 주실 수 있습니까?

¿Puede dibujarme aquí un plano?

뿌에도 디부하르메 아끼 운 쁠라노

이 지도에서 우리가 어디 있는지 알려주십시오.

Enséñame dónde estamos ahora en este mapa.

엔세냐메 돈데 에스따모스 아오라 엔 에스떼 마빠

어떻게 해야 이 주소로 갈 수 있습니까?

¿Cómo puedo ir a esta dirección?

꼬모 뿌에도 이르 아 에스따 디렉씨온

스페인광장은 어디에 있습니까?

¿Dónde está la Plaza de España?

돈데 에스딸 라 쁠라싸 데 에스빠냐

이 거리의 이름이 무엇입니까?

¿Cómo se llama esta calle?

꼬모 세 야마 에스따 깔예

걸어서 갈 수 있습니까?

¿Puedo ir a pie?

뿌에도 이르 아 삐에

얼마나 걸릴까요?

¿Cuánto se tarda?

꾸안또 세 따르다

대중교통
이용하기

버스노선도가 있습니까?

¿Tiene el plan de las líneas de autobús?

띠에네 엘 쁠란 델 라스 리네아스 데 아우또부스

스페인광장에 가려고 합니다.

Quiero ir a la Plaza de España.

끼에로 이르 알 라 쁠라싸 데 에스빠냐

어디에서 그 버스를 탈 수 있습니까?

¿Dónde puedo tomar ese autobús?

돈데 뿌에도 또마르 에세 아우또부스

그 버스는 얼마나 자주 있습니까?

¿Con qué frecuencia sale el autobús?

꼰 께 프레꾸엔씨아 살레 엘 아우또부스

버스로 얼마나 걸립니까?

¿Cuánto tiempo se tarda en autobús?

꾸안또 띠엠뽀 세 따르다 엔 아우또부스

이 버스가 차마르띤역으로 갑니까?

¿Va este autobús a la estación de Chamartín?

바 에스떼 아우또부스 알 라 에스따씨온 데 차마르띤

마요르광장까지는 몇 정류장이 남았습니까?

¿Cuántas paradas faltan para llegar a Plaza Mayor?

꾸안따스 빠라다스 팔딴 빠라 예가르 아 쁠라싸 마요르

버스터미널이 어디에 있습니까?

¿Dónde está la terminal de autobús?

돈데 에스딸 라 떼르미날 데 아우또부스

매표소가 어디에 있습니까?

¿Dónde está la taquilla?

돈데 에스딸 라 따낄야

어느 버스가 마드리드행 버스입니까?

¿Cuál es el autobús para Madrid?

꾸알 에스 엘 아우또부스 빠라 마드릿

택시를 탈 때

어디에서 택시를 탈 수 있습니까?

¿Dónde puedo coger el taxi?

돈데 뿌에도 꼬헤르 엘 딱시

택시정류장이 어디에 있습니까?

¿Dónde está la parada de taxis?

돈데 에스딸 라 빠라다 데 딱시스

택시를 불러 주세요.

Llame un taxi para mí, por favor.

야메 운 딱시 빠라 미 뽀르 파보르

공항까지 얼마나 걸립니까?

¿Cuánto tiempo se tarda al aeropuerto?

꾸안또 띠엠뽀 세 따르다 알 아에로뿌에르또

쁘라도박물관으로 가주세요.

Hasta el Museo del Prado, por faor.

아스따 엘 무세오 델 쁘라도 뽀르 파보르

이 주소로 가주세요.

A esta dirección, por favor.

아 에스따 디렉씨온 뽀르 파보르

급합니다.

Tengo prisa.

뗑고 쁘리사

여기 세워 주세요.

Párese aquí, por favor.

빠레쎄 아끼 뽀르 파보르

요금이 얼마입니까?

¿Cuánto es?

꾸안또 에스

잔돈은 가지세요.

Quédese con el cambio.

께데세 꼰 엘 깜비오

기차를 탈 때

매표소가 어디에 있습니까?

¿Dónde está la taquilla?

돈데 에스딸 라 따낄야

바르셀로나행 기차는 몇 시에 출발합니까?

¿A qué hora sale el tren para Barcelona?

아 께 오라 살레 엘 뜨렌 빠라 바르셀로나

몇 시에 마드리드에 도착하게 됩니까?

¿A qué hora va a llegar a Madrid?

아 께 오라 바 아 예가르 아 마드릿

바르셀로나행 1등석 세 장 주세요.

Tres billetes de primera a Barcelona.

뜨레스 빌예떼스 데 쁘리메라 아 바르셀로나

1등석 표는 얼마입니까?

¿Cuánto es el billete de primera clase?

꾸안또 에스 엘 빌예떼 데 쁘리메라 끌라세

왕복입니까? 편도입니까?

¿De ida y vuelta o sólo de ida?

데 이다 이 부엘따 오 쏠로 데 이다

편도표로 주세요.

Quiero billetes de ida.

끼에로 빌예떼스 데 이다

마드리드에서 세비야까지 얼마나 걸립니까?

¿Cuánto tiempo se tarda de Madrid a Sevilla?

꾸안또 띠엠뽀 세 따르다 데 마드릿 아 세빌야

이 기차에 침대차가 있습니까?

¿Tiene este tren coche cama?

띠에네 에스떼 뜨렌 꼬체 까마

이 기차는 어느 플랫폼에서 출발합니까?

¿De qué andén sale este tren?

데 께 안덴 살레 에스떼 뜨렌

유레일패스를 이용할 때

유레일패스로 할인되는 것이 있습니까?

¿Hay algún descuento con Eurorail Pass?

아이 알군 데스꾸엔또 꼰 에우로라일 빠스

유레일패스로 이 기차를 탈 수 있습니까?

¿Puedo tomar este tren con Eurorail Pass?

뿌에도 또마르 에스떼 뜨렌 꼰 에우로라일 빠스

오늘부터 유레일패스를 사용하고 싶습니다.

Quiero usar el Eurorail Pass a partir de hoy.

끼에로 우사르 엘 에우로라일 빠스 아 빠르띠르 데 오이

스탬프로 날짜를 찍어 주세요.

Ponga el sello de la fecha, por favor.

뽕가 엘 셀요 델 라 페차 뽀르 파보르

추가 요금을 내야 합니까?

¿Tengo que pagar la tarifa adcional?

뗑고 께 빠가를 라 따리파 아디씨오날

추가 요금은 얼마입니까?

¿Cuánto es la tarifa adcional?

꾸안또 에슬 라 따리파 아디씨오날

배를 이용할 때

시간표는 어디에 있습니까?

¿Dónde está el horario?

돈데 에스따 엘 오라리오

매표소가 어디에 있습니까?

¿Dónde está la taquilla?

돈데 에스딸 라 따낄야

유람선 야간 관광이 있습니까?

¿Hay excursión nocturna en barco?

아이 에스꾸르씨온 녹뚜르나 엔 바르꼬

유람선 여행으로 어떤 것이 있습니까?

¿Qué clase de excursión en barco hay?

께 끌라세 데 에스꾸르씨온 엔 바르꼬 아이

마요르카까지 선실을 예약하고 싶습니다.

Quiero reservar un camarote a Mallorca.

끼에로 레세르바르 운 까마로떼 아 마요르까

왕복하는데 시간이 얼마나 걸립니까?

¿Cuánto tiempo se tarda por ida y vuelta?

꾸안또 띠엠뽀 세 따르다 뽀르 이다 이 부엘따

어른표 세 장 주세요.

Tres billetes de adulto, por favor.

뜨레스 빌예떼스 데 아둘또 뽀르 파보르

갑판좌석을 예약하고 싶습니다.

Quiero reservar una silla en cubierta.

끼에로 레세르바르 우나 씰야 엔 꾸비에르따

지하철을 이용할 때

지하철 노선도가 필요합니다.

Quiero un plan de las líneas del metro.

끼에로 운 쁠란 델 라스 리네아스 델 메뜨로

지하철역이 어디에 있습니까?

¿Dónde está la estación del metro?

돈데 에스딸 라 에스따씨온 델 메뜨로

어디에서 지하철 표를 살 수 있습니까?

¿Dónde puedo comprar el billete?

돈데 뿌에도 꼼쁘라르 엘 빌예떼

지하철로 마요르광장에 갈 수 있습니까?

¿Puedo ir a Plaza Mayor en el metro?

뿌에도 이르 아 쁠라싸 마요르 엔 엘 메뜨로

스페인광장에 가려면 어디에서 내려야 합니까?

¿Dónde tengo que bajar para ir a la Plaza de España?

돈데 뗑고 께 바하르 빠라 이르 알 라 쁠라싸 데 에스빠냐

노르떼역까지 얼마나 걸립니까?

¿Cuánto tiempo se tarda hasta la estación de Norte?

꾸안또 띠엠뽀 쎄 따르다 아스딸 라 에스따씨온 데 노르떼

다음은 무슨 역입니까?

¿Qué es la próxima estación?

께 에슬 라 쁘록시마 에스따씨온

렌터카 이용하기

차를 빌리고 싶습니다.

Quiero alquilar un coche.

끼에로 알낄라르 운 꼬체

어떤 차를 원하십니까?

¿Qué tipo prefiere usted?

께 띠뽀 쁘레피에레 우스뗏

어떤 종류의 차가 있습니까?

¿Qué clase de coches tiene?

께 끌라세 데 꼬체스 띠에네

카탈로그를 볼 수 있습니까?

¿Puedo ver el catálogo de coches?

뿌에도 베르 엘 까딸로고 데 꼬체스

오토매틱 차를 원합니다.

Prefiero un coche automático.

쁘레피에레 운 꼬체 아우또마띠꼬

125

일 주일 동안 필요합니다.

Lo necesito para una semana.

로 네쎄씨또 빠라 우나 세마나

이 차를 2일 동안 빌리고 싶습니다.

Quiero alquilar este coche por 2 días.

끼에로 알낄라르 에스떼 꼬체 뽀르 도스 디아스

하루에 요금이 얼마입니까?

¿Cuánto cuesta por día?

꾸안또 꾸에스따 뽀르 디아

제 목적지에서 차를 반납할 수 있습니까?

¿Puedo dejarlo en mi destino?

뿌에도 데하를로 엔 미 데스띠노

신용카드로 결제할 수 있습니까?

¿Puedo pagar con la tarjeta de crédito?

뿌에도 빠가르 꼰 라 따르헤따 데 끄레디또

이 근처에 주유소가 있습니까?

¿Hay estación de servicio por aquí?

아이 에스따씨온 데 세르비씨오 뽀르 아끼

이 차는 휘발유를 넣어야 합니다.

Este coche necesita gasolina.

에스떼 꼬체 네쎄씨따 가솔리나

연료 탱크가 비어 있습니다.

El tanque está vacío.

엘 땅께 에스따 바씨오

연료 탱크를 가득 채워 주세요.

Llene el tanque, por favor.

예네 엘 땅께 뽀르 파보르

40유로어치 휘발유를 넣어 주세요.

Cuarenta euros de gasolina, por favor.

꾸아렌따 에우로스 데 가솔리나 뽀르 파보르

휘발유 30L를 넣어 주세요.

Ponga treinta litros de gasolina, por favor.

뽕가 뜨레인따 리뜨로스 데 가솔리나 뽀르 파보르

제 차를 점검해 주세요.

¿Puede revisar mi coche?

뿌에데 레비사르 미 꼬체

엔진 오일을 검사해 주세요.

¿Puede mirar el aceite de motor?

뿌에데 미라르 엘 아쎄이떼 데 모또르

구경하기

쁘라도박물관에 가고 싶습니다.

Quiero ir al Museo del Prado.

끼에로 이르 알 무세오 델 쁘라도

박물관은 몇 시에 문을 닫습니까?

¿A qué hora se cierra el museo?

아 께 오라 세 씨에라 엘 무세오

4시에 문을 닫습니다.

Se cierra a las cuatro.

세 씨에라 알 라스 꾸아뜨로

박물관에 가이드가 있습니까?

¿Hay guías en el museo?

아이 기아스 엔 엘 무세오

고야의 그림은 어디에 있습니까?

¿Dónde están los cuadros de Goya?

돈데 에스딴 로스 꾸아드로스 데 고야

131

이 그림은 누구의 것입니까?

¿De quién es este cuadro?

데 끼엔 에스 에스떼 꾸아드로

피카소 전시실은 어디에 있습니까?

¿Dónde está la sala de Picasso?

돈데 에스딸 라 살라 데 삐까소

2층에 있습니다.

Está en la primera planta.

에스따 엔 라 쁘리메라 쁠란따

피카소 그림엽서 몇 장을 사고 싶습니다.

Quiero comprar unas postales de Picasso.

끼에로 꼼쁘라르 우나스 뽀스딸레스 데 삐까소

사진 및 비디오 촬영

여기서 사진을 찍을 수 있습니까?

¿Puedo sacar las fotos aquí?

뿌에도 사까를 라스 포또스 아끼

사진 한 장 찍어 주시겠어요?

¿Podría sacarme una foto?

뽀드리아 사까르메 우나 포또

저 건물을 배경으로 사진을 찍어 주시겠어요?

¿Podría sacármela con aquel edificio?

뽀드리아 사까르멜라 꼰 아껠에디피씨오

당신과 함께 사진을 찍고 싶습니다.

Quiero sacarme una foto con usted.

끼에로 사까르메 우나 포또 꼰 우스뗏

이 버튼만 눌러 주세요.

Solo déle al disparador.

쏠로 델레 알 디스빠라도르

당신에게 사진을 보내드리겠습니다.

Le voy a mandar las fotos.

레 보이 아 만다를 라스 포또스

이름과 주소를 알려주시겠어요?

¿Puede darme su nombre y su dirección?

뿌에데 다르메 수 놈브레 이 수 디렉씨온

플래시를 사용할 수 있습니까?

¿Se puede usar flash?

세 뿌에데 우사르 플라시

어디에서 필름을 살 수 있습니까?

¿Dónde puedo comprar la película?

돈데 뿌에도 꼼쁘라를 라 뻴리꿀라

컬러필름 한 통 주세요.

Déme un rollo de color.

데메 운 롤요 데 꼴로르

오늘밤 무엇을 공연합니까?

¿Oué ponen esta noche?

께 뽀넨 에스따 노체

한국어로 된 안내 책자가 있습니까?

¿Tiene un folleto en coreano?

띠에네 운 폴예또 엔 꼬레아노

몇 시에 시작합니까?

¿A qué hora empieza?

아 께 오라 엠삐에싸

몇 시에 끝납니까?

¿A qué hora termina?

아 께 오라 떼르미나

콘서트는 몇 시에 시작합니까?

¿A qué hora empieza el concierto?

아 께 오라 엠삐에싸 엘 꼰씨에르또

공연은 몇 시에 시작합니까?

¿A qué hora empieza la función?

아 께 오라 엠뻬에쌀 라 푼씨온

가장 인기있는 영화는 무엇입니까?

¿Qué película es más popular?

께 뻴리꿀라 에스 마스 뽀뿔라르

이 영화에 누가 출연합니까?

¿Quién sale en esta película?

끼엔 살레 엔 에스따 뻴리꿀라

이 영화는 몇 시간 동안 상영됩니까?

¿Cuánto tiempo dura esta película?

꾸안또 띠엠뻬 두라 에스따 뻴리꿀라

B-20번 좌석은 어디입니까?

¿Dónde está el asiento del número B-20?

돈데 에스따 엘 아시엔또 델 누메로 베-베인떼

레저 스포츠 즐기기와 관람

오늘 축구경기가 있습니까?

¿Hay algún partido de fútbol hoy?

아이 알군 빠르띠도 데 풋볼 오이

경기장은 어디에 있습니까?

¿Dónde está el estadio?

돈데 에스따 엘 에스따디오

몇 시에 시작합니까?

¿A qué hora empieza?

아 께 오라 엠삐에싸

아직 표를 구할 수 있습니까?

¿Todavía puedo conseguir el billete?

또다비아 뿌에도 꼰세기르 엘 빌예떼

저는 맨 앞줄의 좌석을 원합니다.

Quiero un asiento de la primera fila.

끼에로 운 아씨엔또 델 라 쁘리메라 필라

오늘밤 바르셀로나와 경기를 합니까?

¿Están jugando con Barcelona esta noche?

에스딴 후간도 꼰 바르셀로나 에스따 노체

어느 팀이 이기고 있습니까?

¿Cuál va ganando?

꾸알 바 가난도

제 물건을 맡겨 둘 장소가 있습니까?

¿Hay algún sitio donde pueda dejar mis cosas?

아이 알군 씨띠오 돈데 뿌에다 데하르 미스 꼬사스

관광안내소가 어디에 있습니까?

¿Dónde está la oficina de información de turismo?

돈데 에스딸 라 오피씨나 데 인포르마씨온 데 뚜리스모

관광안내서를 구할 수 있을까요?

¿Puedo conseguir una guía de turismo?

뿌에도 꼰세기르 우나 기아 데 뚜리스모

관광지도 한 장 주세요.

Dame un mapa de turismo.

다메 운 마빠 데 뚜리스모

시내지도가 있습니까?

¿Tiene un mapa de la ciudad?

띠에네 운 마빠 델 라 씨우닷

제일 구경할 만한 곳은 어디입니까?

¿Dónde es el mejor sitio para visitar?

돈데 이스 에 메호르 씨띠오 빠라 비씨따르

유적지를 추천해 주시겠습니까?

¿Podría recomendarme un lugar histórico?

뽀드리아 레꼬멘다르메 운 루가르 이스또리또

바르셀로나를 가보고 싶습니다.

Quiero visitar Barcelona.

끼에로 비씨따르 바르셀로나

세고비아를 여행하는 코스가 있습니까?

¿Hay alguna excursión para Segovia?

아이 알구나 에스꾸르씨온 빠라 세고비아

여기로부터 거리가 얼마나 됩니까?

¿A cuántos está de aquí?

아 꾸안또스 에스따 데 아끼

1인당 비용이 얼마입니까?

¿Cuál es el precio por persona?

꾸알 에스 엘 쁘레씨오 뽀르 뻬르소나

한국어로 된 안내책자가 있습니까?

¿Tiene un folleto en coreano?

띠에네 운 폴예또 엔 꼬레아노

몇 시까지 문을 엽니까?

¿Hasta qué hora está abierto?

아스따 께 오라 에스따 아비에르또

입장료는 얼마입니까?

¿Cuánto es la entrada?

꾸안또 에슬 라 엔뜨라다

어른표 두 장 주세요.

Dos de adultos, por favor.

도스 데 아둘또스 뽀르 파보르

이 박물관에는 어떤 작품이 있습니까?

¿Qué clase de obra tiene este museo?

께 끌라세 데 오브라 띠에네 에스떼 무세오

안내 책자에 있는 관람은 언제 시작합니까?

¿A qué hora sale la gira?

아 께 오라 살레 라 히라

얼마나 걸립니까?

¿Cuánto tiempo se tarda?

꾸안또 디엠뽀 세 따르다

약 40분 걸립니다.

Unos 40 minutos.

우노스 꾸안렌따 미누또스

이 그림은 누가 그렸습니까?

¿Quién pintó este cuadro?

끼엔 삔또 에스떼 꾸아드로

쇼핑
하기

쇼핑하기

유럽의 **화폐** – 현재 유럽에서는 유로화가 단일화폐로
사용되고 있다.

2002년 1월 1일부터 유로화가 통용되기 시작하면서 기존의 화폐는 사라졌다. 유럽 국가 중 영국, 덴마크, 스웨덴을 제외한 12개국(프랑스, 스페인, 이탈리아, 포르투갈, 독일, 네덜란드, 오스트리아, 벨기에, 핀란드, 아일랜드, 룩셈부르크, 그리스)에서 유로화를 사용하고 있다.

유로화는 시중은행에서 환전할 수 있다.

지폐는 5, 10, 20, 50, 100, 200, 500유로의 7종류가 있으며 주화는 1, 2, 5, 10, 20, 50센트(céntimo) 그리고 1, 2유로 등 8종류가 있다.

여행지에서 토산품 가게 찾기

토산품 가게는 어디에 있습니까?

¿Dónde está la tienda de artesanía?

돈데 에스딸 라 띠엔다 데 아르떼사니아

여기서 가장 유명한 토산품은 무엇입니까?

¿Cuál es la artesanía más famosa de aquí?

꾸알 에슬 라 아르떼사니아 마스 파모사 데 아끼

이 도시의 특산품은 무엇입니까?

¿Cuáles son los artículos típicos de la ciudad?

꾸알레스 손 로스 아르띠꿀로스 띠삐꼬스 델 라 씨우닷

무엇으로 만든 것입니까?

¿De qué material es?

데 께 마떼리알 에스

가죽제품을 사고 싶습니다.

Quiero comprar unos productos de piel.

끼에로 꼼쁘라르 우노스 쁘로둑또스 데 삐엘

물건 값 깎기

할인해 주지 않습니까?

¿No hay descuento?

노 아이 데스꾸엔또

깎아 주실 수 있습니까?

¿Puede rebajarme algo?

뿌에데 레바하르메 알고

더 싼 것은 없습니까?

¿No tienen otro más barato?

노 띠에넨 오뜨로 마스 바라또

조금 더 값을 깎아 주세요.

Un poco más de rebaja, por favor.

운 뽀꼬 마스 데 레바하 뽀르 파보르

5% 할인해 드리겠습니다.

Voy a descontarle 5 por ciento.

보이 아 데스꼰따를레 씽꼬 뽀르 씨엔또

원하는 물건 고르기

무엇을 도와드릴까요?

¿En qué puedo servirle?

엔 께 뿌에도 세르비를레

부모님께 드릴 선물을 찾고 있습니다.

Quiero unos regalos para mis padres.

끼에로 우노스 레갈로스 빠라 미스 빠드레스

기념품을 사고 싶습니다.

Quiero comprar algo de recuerdos.

끼에로 꼼쁘라르 알고 데 레꾸에르도스

왼쪽에서 세 번째 반지를 보고 싶습니다.

Quiero ver el tercer anillo de la izquierda.

끼에로 베르 엘 떼르쎄르 아닐요 델 라 이쓰끼에르다

값이 싼 것도 있습니까?

¿Hay otro más barato?

아이 오뜨로 마스 바라또

제게 잘 맞습니다.

Me queda muy bien.

메 께다 무이 비엔

제게 잘 맞지 않습니다.

No me queda bien.

노 메 께다 비엔

이 디자인은 마음에 들지 않습니다.

No me gusta este diseño.

노 메 구스따 에스떼 디세뇨

다른 것을 입어 볼 수 있어요?

¿Puedo probar otro?

뿌에도 쁘로바르 오뜨로

이것으로 하겠습니다.

Me quedo con esto.

메 께도 꼰 에스또

계산하기

계산대가 어디에 있습니까?

¿Dónde está la caja?

돈데 에스딸 라 까하

얼마입니까?

¿Cuánto es?

꾸안또 에스

모두 얼마입니까?

¿Cuánto cuesta en total?

꾸안또 꾸에스따 엔 또딸

좀 비싸군요.

Es un poco caro.

에스 운 뽀꼬 까로

이 신용카드를 사용할 수 있습니까?

¿Puedo usar esta tarjeta de crédito?

뿌에도 우사르 에스따 따르헤따 데 끄레디또

여행자 수표를 사용할 수 있습니까?

¿Puedo usar los cheques de viajeros?

뿌에도 우사를 로스 체께스 데 비아헤로스

미국 달러로 지불할 수 있습니까?

¿Puedo pagar en dólares americanos?

뿌에도 빠가르 엔 돌라레스 아메리까노스

영수증을 부탁합니다.

El recibo, por favor.

엘 레시보 뽀르 파보르

계산서가 틀린 것 같습니다.

Creo que la cuenta no es correcta.

끄레오 께라 꾸엔따 노 에스 꼬렉따

쇼핑가 찾기

이 근처에 백화점이 있습니까?

¿Hay un gran almacén por aquí cerca?

아이 운 그란 알마쎈 뽀르 아끼 쎄르까

쇼핑몰은 어디에 있습니까?

¿Dónde está el centro comercial?

돈데 에쓰따 엘 쎈뜨로 꼬메르시알

그냥 둘러보는 것입니다.

Sólo estoy echando un vistazo.

쏠로 에스또이 에찬도 운 비스따쏘

문구점은 어디에 있습니까?

¿Dónde está la papelería?

돈데 에스딸 라 빠뻴레리아

슈퍼마켓은 어디에 있습니까?

¿Dónde está el supermercado?

돈데 에스따 엘 수뻬르메르까도

핸드백과 구두를 사고 싶습니다.

Quiero comprar una bolsa y unos zapatos.

끼에로 꼼쁘라르 우나 볼사 이 우노스 싸빠또스

아동복을 찾고 있습니다.

Busco la ropa de niños.

부스꼴 라 로빠 데 니뇨스

향수는 어디에서 팝니까?

¿Dónde se vende los perfumes?

돈데 세 벤델 로스 뻬르푸메스

스타킹과 양말 매장은 어디에 있습니까?

¿Dónde están los departamentos de medidas y calcetines?

돈데 에스딴 로스 데빠르따멘또스 데 메디다스 이 깔세띠네스

계산대가 어디에 있습니까?

¿Dónde está la caja?

돈데 에스딸 라 까하

면세점 이용하기

세금이 포함되어 있습니까?

¿Están incluidos los impuestos?

에스딴 인끌루이도스 로스 임뿌에스또스

면세품을 판매합니까?

¿Se venden artículos libres de impuestos?

세 벤덴 아르띠꿀로스 리브레스 데 임뿌에스또스

면세로 살 수 있습니까?

¿Puedo comprar sin impuestos?

뿌에도 꼼쁘라르 씬 임뿌에스또스

어떻게 면세가 되는지 알고 싶습니다.

Quiero saber cómo puedo librarme de los impuestos.

끼에로 사베르 꼬모 뿌에도 리브라르메 델 로스 임뿌에스또스

교환 및 환불하기

이 옷에 얼룩이 있습니다.

Esta ropa tiene una mancha.

에스따 로빠 띠에네 우나 만차

이 부분이 찢어져(깨져) 있습니다.

Esta parte está rota.

에스따 빠르떼 에스따 로따

이 치마가 저에게 잘 맞지 않습니다.

Esta falda no se me ajusta bien.

에스따 팔다 노 세 메 아후스따 비엔

제가 구입한 것이 아닙니다.

No es lo que yo compré.

노 에슬 로 께 요 꼼쁘레

전혀 작동하지 않습니다.

No funciona nada.

노 푼씨오나 나다

다른 것으로 교환해 주실 수 있습니까?

¿Pueden cambiármelo por otro?

뿌에덴 깜비아르멜로 뽀르 오뜨로

다른 새 것으로 교환해 주실 수 있습니까?

¿Pueden cambiármelo por uno nuevo?

뿌에덴 깜비아르멜로 뽀르 우노 누에보

환불해 주세요.

Quiero devolverlo.

끼에로 데볼베를로

소식
전하기

소식 전하기

❶ 공중전화

스페인에는 동전 및 카드 공중전화가 많이 보급되어 있어 어디서나 쉽게 이용할 수 있다. 시내 공중전화는 0.50유로로 동전을 넣으면 통화할 수 있다. 휴대폰으로 전화를 거는 경우는 약간의 차이는 있지만 보통 1.50~2유로 정도면 통화할 수 있다. 다른 도시로 시외전화를 할 경우에도 역시 거리에 따라 약간의 차이는 있지만 2유로 이상 넣어야 한다.

국제전화를 하는 경우에는 동전을 사용하는 것보다 전화카드를 구입해서 사용하는 것이 편리하다. 전화카드는 20유로, 40유로, 50유로짜리가 있는데 에스땅꼬(estanco)나 끼오스꼬(quiosco : 신문 가판대)에서 살 수 있다.

스페인에서 한국으로 전화하려면 '07-82-0을 뺀 지역번호와 전화번호'를 누르면 된다. 예를 들어 서울의 435-4567로 전화를 하려면 '07-82-2-435-4567'를 누른다. 그리고 호텔 객실에서 한국으로 전화를 하려면 '0 또는 9(외부 전화 접속, 호텔마다 다르므로 확인해 본다)-07-82-0을 뺀 지역번호와 전화번호'를 누르면 된다. 예를 들면, 서울의 435-4567로 전화를 하려면 '0(9)-07-82-2-435-4567'를 누른다.

❷ 우체국

우체국은 꼬레오스(correos)라고 하며 우표는 에스땅꼬(estanco)에서도 판다.

우체국의 영업시간은 월요일에서 금요일까지는 09:00 ~ 14:00, 토요일에는 09:00 ~ 13:00이며, 시벨레스 광장에 있는 중앙우체국은 오후 6시에 문을 닫는다.

한국으로의 항공우편요금은 약 1유로이며 편지와 엽서의 요금이 비슷하다. 한국으로 편지나 엽서를 보내는 경우에는 거리에 있는 노란 우체통(buzón)의 국제(Provincia y extranjero) 투입구에 넣어도 된다.

국제전화를 걸 때

공중전화가 어디에 있습니까?

¿Dónde está el teléfono público?

돈데 에스따 엘 뗄레포노 뿌블리꼬

한국으로 전화를 하려고 합니다.

Quiero llamar a Corea.

끼에로 야마르 아 꼬레아

한국으로 국제통화를 부탁합니다.

Una conferencia internacional a Corea, por favor.

우나 꼰페렌씨아 인떼르나씨오날 아 꼬레아 뽀르 파보르

콜렉트 콜을 부탁합니다.

Una llamada a cobro revertido, por favor.

우나 야마다 아 꼬브로 레베르띠도 뽀르 파보르

이 통화는 수신자부담으로 해주세요.

Póngame esta llamada a cobro revertido.

뽕가메 에스따 야마다 아 꼬브로 레베르띠도

전화가 끊겼습니다.

La llamada se ha cortado.

라 야마다 세 아 꼬르따도

통화중입니다.

Está ocupada.

에스따 오꾸빠다

아무도 전화를 받지 않습니다.

Nadie contesta.

나디에 꼰떼스따

서울의 지역번호는 몇 번입니까?

¿Cuál es el prefijo territorial de Seúl?

꾸알 에스 엘 쁘레피호 떼리또리알 데 세울

서울의 지역번호는 02입니다.

El prefijo territorial de Seúl es 02.

엘 쁘레피호 떼리또리알 데 세울 에스 쎄로 도스

국내전화를 걸 때

전화를 사용할 수 있습니까?

¿Puedo usar el teléfono?

뿌에도 우사르 엘 뗄레포노

동전을 얼마나 넣어야 하나요?

¿Cuántas monedas tengo que poner?

꾸안따스 모네다스 뎅고 께 뽀네르

수미가 전화했다고 전해주세요.

Dígale que le ha llamado Sumi.

디갈레 껠 레 아 야마도 수미

미안합니다. 제가 번호를 착각했습니다.

Lo siento, me he equivocado.

로 씨엔또 메 에 에끼보까도

알론소 씨 댁입니까?

¿Es la casa del señor Alonso?

에슬 라 까사 델 세뇨르 알론소

알론소 씨와 통화할 수 있습니까?

¿Podría hablar con el señor Alonso?

뽀드리아 아블라르 꼰 엘 세뇨르 알론소

누구십니까?

¿Quién habla?

끼엔 아블라

한국에서 온 이만수입니다.

Aquí habla Mansu Lee de Corea.

아끼 아블라 만수 리 데 꼬레아

메시지를 남기고 싶습니다.

Quiero dejar un recado.

끼에로 데하르 운 레까도

나중에 전화하겠습니다.

Llamaré más tarde.

야마레 마스 따르데

인터넷 및 팩스 이용하기

여기서 인터넷을 할 수 있습니까?

¿Se puede usar el internet aquí?

세 뿌에데 우사르 엘 인떼르넷 아끼

1시간에 얼마입니까?

¿Cuál es el precio por cada hora?

꾸알 에스 엘 쁘레씨오 뽀르 까다 오라

팩스 사용법을 알려주세요.

¿Me podría indicar el uso del fax?

메 뽀드리아 인디까르 엘 우소 델 팍스

이 근처에 인터넷을 사용할 수 있는 곳이 있습니까?

¿Por aquí cerca' hay algún sitio que pueda usar el internet?

뽀르 아끼 쎄르까 아이 알군 씨띠오 께 뿌에다 우사르 엘 인떼르넷

제 이메일을 확인하고 싶습니다.

Quiero chequear mi e-mail.

끼에로 체꼐아르 미 이-메일

자료를 검색할 것이 있어요.

Necesito revisar unos datos.

네쎄씨또 레비사르 우노스 다또스

한국의 서울에 팩스를 보낼 수 있나요?

¿Podría mandar un fax a Corea?

뽀드리아 만다르 운 팍스 아 꼬레아

전부 얼마죠?

¿Cuál es el precio total?

꾸알 에스 엘 쁘레시오 또딸

우체국이 어디에 있습니까?

¿Dónde está la oficina de correos?

돈데 에스딸 라 오피씨나 데 꼬레오스

어디서 우표를 살 수 있습니까?

¿Dónde puedo comprar los sellos?

돈데 뿌에도 꼼쁘라를 로스 셀요스

이 편지를 항공편으로 보내고 싶습니다.

Quiero mandar esta carta por avión.

끼에로 만다르 에스따 까르따 뽀르 아비온

이 편지를 등기로 보내고 싶습니다.

Quiero mandar esta carta por correo certificado.

끼에로 만다르 에스따 까르따 뽀르 꼬레오 쎄르띠피까도

이 소포를 항공편으로 한국에 보내고 싶습니다.

Quiero mandar este paquete a Corea por avión.

끼에로 만다르 에스떼 빠께떼 아 꼬레아 뽀르 아비온

요금이 얼마입니까?

¿Cuánto cuesta?

꾸안또 꾸에스따

한국에 도착하는데 얼마나 걸립니까?

¿Cuánto tiempo se tarda en llegar a Corea?

꾸안또 띠엠뽀 세 따르다 엔 예가르 아 꼬레아

현금지급기
이용하기

현금지급기를 이용할 때

은행은 어디에 있습니까?

¿Dónde está el banco?

돈데 에스따 엘 방꼬

돈을 찾고 싶습니다.

Quiero retirar el depósito.

끼에로 레띠라르 엘 데뽀시또

카드로 돈을 찾으려고 합니다.

Para sacar el dinero con la tarjeta.

빠라 사까르 엘 디네로 꼰 라 따르헤따

현금지급기가 어디에 있습니까?

¿Dónde está el cajero automático?

돈데 에스따 엘 까헤로 아우또마띠꼬

사용방법을 가르쳐 주세요.

Enséñeme el modo de usar.

엔세녜메 엘 모도 데 우사르

지금 사용할 수 있습니까?

¿Ahora se puede usar?

아오라 세 뿌에데 우사르

소지품을
분실했을 때

소지품을 분실했을 때
(분실시 대처 요령)

해외여행을 하는 도중에 물건이나 증명서를 분실하거나 예상치 못한 사고를 당하는 경우가 있다. 어느 곳이나 관광객이 많이 몰려드는 곳에는 소매치기도 많아서 금품이나 여권 등을 분실하는 일이 자주 생긴다. 이럴 경우를 대비하여 여행을 떠나기 전에 몇 가지 주의사항과 대처 방법을 알아둔다.

해외여행 중 가장 자주 발생하는 사고가 여권 분실이다. 여권을 잃어버렸을 때 다시 발급 받을 수 있는 곳은 해외주재 대사관이나 영사관이다. 만약 여권이 없으면 더 이상 여행을 할 수 없으므로 분실 사고가 생겼을 때는 대사관이나 영사관에 가서 발급 받는다.

여행을 떠나기 전에 모든 신분증들은 한국에 남겨 두고 여권만 챙긴다. 이때 꼭 복사본을 따로 보관하고 한국에도 남겨 두는 것이 좋다. 신용카드의 경우도 번호를 적어 놓아 분실할 경우 곧바로 카드 사용 정지 신고를 할 수 있도록 준비를 해두어야 한다. 대사관에서는 월요일에서 금요일까지 오전에만 분실 업무를 보고 있다. 여권 재발급 신청에 필요한 서류는 경찰서에서 신고를 받은 후 만들어 주는 분실증명서, 여권 사진 2장, 여권의 복사본(혹은 여권 번호, 만기일, 발급일), 대사관에 비치된 양식 등이다.

여행을 출발하기 전에 사진과 여권의 복사본을 준비해야 한다. 여권 발급에는 약 2~3일이 걸리나 주말에는 업무를 보지 않기 때문에 시간이 더 걸린다.

여권을 잃어 버렸을 때

여권을 잃어 버렸습니다.

Se me ha perdido el pasaporte.

세 메 아 뻬르디도 엘 빠사뽀르떼

분실물센터는 어디에 있습니까?

¿Dónde está la oficina de objetos perdidos?

돈데 에스딸 라 오피씨나 데 오브헤또스 뻬르디도스

이 근처에 경찰서가 어디 있습니까?

¿Dónde está la comisaría cerca de aquí?

돈데 에스딸 라 꼬미사리아 쎄르까 데 아끼

한국대사관에 연락해 주시겠습니까?

¿Puede llamar a la Embajada de Corea?

뿌에데 야마르 알 라 엠바하다 데 꼬레아

다시 발급받을 수 있습니까?

¿Puedo expedirla de nuevo?

뿌에도 에스뻬디를라 데 누에보

여행자 수표 및 카드를 잃어 버렸을 때

여행자 수표를 잃어 버렸습니다.

He perdido los cheques de viaje.

에 뻬르디돌 로스 체께스 데 비아헤

신용카드를 잃어 버렸습니다.

He perdido mi tarjeta de crédito.

에 뻬르디도 미 따르헤따 데 끄레디또

신용카드회사에 알리는 것이 좋겠습니다.

Es mejor que avise a la compañía de las tarjetas de crédito.

에스 메호르 께 아비세 알 라 꼼빠니아 델 라스 따르헤따스 데 끄레디또

제 카드를 사용 정지시켜 주세요.

Anule la tarjeta, por favor.

아눌렐 라 따르헤따 뽀르 파보르

어디서 그것을 다시 발급받을 수 있습니까?

¿Dónde me los reexpiden?

돈데 멜 로스 레스뻬덴

항공권을 잃어 버렸을 때

비행기표를 잃어 버렸습니다.

He perdido el billete de avión.

에 뻬르디도 엘 빌예떼 데 아비온

12월 3일 파리행 505편이 예약되어 있습니다.

Queda reconfirmado el vuelo 505 a París, del 3 de diciembre.

께다 레꼰피르마도 엘 부엘로 씽꼬-쎄로-씽꼬 아 빠리스 델 뜨레스 데 디 씨엠브레

서울행 다음 비행기는 몇 시에 있습니까?

¿Qué hora es el siguiente vuelo a Seúl?

께 오라 에스 엘 씨겐떼 부엘로 아 세울

예약을 새로 하고 싶습니다.

Quiero hacer una reserva nueva.

끼에로 아쎄르 우나 레세르바 누에바

가능하면 가장 빨리 출발하는 비행기로 떠나고 싶습니다.

Quiero salir con el vuelo más temprano posible.

끼에로 살리르 꼰 엘 부엘로 마스 뗌쁘라노 뽀씨블레

분실, 도난 사고

카메라를 도난 당했습니다.

Me robaron la cámara.

메 로바론 라 까마라

가방을 도난 당했습니다.

Me han robado el bolso.

메 안 로바도 엘 볼소

경찰을 불러 주세요.

Llame a un policía, por favor.

야메 아 운 뽈리씨아 뽀르 파보르

한국대사관에 연락해 주시겠습니까?

¿Pueden llamar a la Embajada de Corea?

뿌에덴 야마르 알 라 엠바하다 데 꼬레아

한국어를 하는 사람을 불러 주세요.

Llame a alguien que hable coreano, por favor.

야메 아 알기엔 께 아블레 꼬레아노 뽀르 파보르

가방 안에 여권과 서류, 돈이 들어 있습니다.

Hay pasaporte, documentos, dinero en el bolso.

아이 빠사뽀르떼 도꾸멘또스 디네로 엔 엘 볼소

가방을 택시에 두고 내렸습니다.

He dejado el bolso en el taxi.

에 데하도 엘 볼소 엔 엘 딱시

비상사태가
발생했을 때

도움 요청하기

경찰!

¡Policía!

뽈리씨아

도와주세요!

¡Ayúdame!

아유다메

급합니다!

¡Es urgente!

에스 우르헨떼

긴급합니다!

¡Es emergencia!

에스 에메르헨씨아

조심하세요!

¡Cuidado!

꾸이다도

그것을 돌려주세요.

Devuélvemelo.

데부엘베멜로

문을 여세요.

¡Abra la puerta!

아브랄 라 뿌에르따

몸이 아파요.

Me siento mal.

메 시엔또 말

경찰을 부르세요!

¡Llame a la policía!

야메 알 라 뽈리씨아

의사를 불러 주세요!

¡Llame a un médico, por favor!

야메 아 운 메디꼬 뽀르 파보르

한국대사관에 연락해 주세요.

Llame a la Embajada de Corea.

야메 알 라 엠바하다 데 꼬레아

제 차가 고장났습니다.

Mi coche está averiado.

미 꼬체 에스따 아베리아도

견인차를 보내 주세요.

Mándeme una grúa remolque.

만데메 우나 그루아 레몰께

교통사고를 당했을 때

교통사고를 당했습니다.

He tenido un accidente.

에 떼니도 운 악시덴떼

제 차가 다른 차와 충돌했습니다.

Un coche chocó con el mío.

운 꼬체 초꼬 꼰 엘 미오

다친 사람이 있습니까?

¿Hay algún herido?

아이 알군 에리도

부상자가 두 명 있습니다.

Hay dos heridos.

아이 도스 에리도스

보험에 가입되어 있습니다.

Tengo un seguro.

뗑고 운 세구로

제 잘못이 아닙니다.

No es mi falta.

노 에스 미 팔따

제가 차에 치였습니다.

Me ha pillado un coche.

메 아 삐야도 운 꼬체

제 친구가 다쳤습니다.

Mi amigo está herido.

미 아미고 에스따 에리도

구급차를 불러 주세요.

Llame la ambulancia, por favor.

야멜 라 암불란씨아 뽀르 파보르

견인차를 불러 주세요.

Envíeme una grúa.

엔비에메 우나 그루아

전혀 움직일 수가 없습니다.

No puedo moverme nada.

노 뿌에도 모베르메 나다

보험회사에 연락하세요.

Avise a la compañía de seguros.

아비세 알 라 꼼빠니아 데 세구로스

사고증명서를 만들어 주세요.

Hágame un certificado de accidente, por favor.

하가메 운 쎄르띠피까도 데 악씨덴떼 뽀르 파보르

몸이 좋지 않아요.

Me siento mal.

메 시엔또 말

감기에 걸렸습니다.

Estoy resfriado.

에스또이 레스프리아도

기침을 합니다.

Tengo tos.

뗑고 또스

열이 납니다.

Tengo fiebre.

뗑고 피에브레

오한이 납니다.

Siento escalofrío.

시엔또 에스깔로프리오

두통이 있습니다.

Tengo dolor de cabeza.

뗑고 돌로르 데 까베싸

여기에 통증이 있습니다.

Me duele aquí.

메 두엘레 아끼

구급차를 불러 주세요.

Llame una ambulancia, por favor.

야메 우나 암불란시아 뽀르 파보르

의사를 불러 주세요.

Lláme un médico, por favor.

야메 운 메디꼬 뽀르 파보르

저를 병원에 데려다 주세요.

Lléveme al hospital, por favor.

예베메 알 오스삐딸 뽀르 파보르

다 나으려면 며칠이나 걸릴까요?

¿Cuánto tiempo tardaré en curarme?

꾸안또 띠엠뽀 따르다레 엔 꾸라르메

지병이 있습니다.

Tengo una enfermedad crónica.

뗑고 우나 엔페르메닷 끄로니까

약국은 어디에 있습니까?

¿Dónde está la farmacia?

돈데 에스딸 라 파르마씨아

감기약을 주세요.

Quiero una medicina para el catarro.

끼에로 우나 메디씨나 빠라 엘 까따로

여기에 처방이 있습니다.

Aquí está mi receta.

아끼 에스따 미 레쎄따

어떻게 복용합니까?

¿Cómo se toma?

꼬모 세 또마

한 번에 얼마나 먹어야 합니까?

¿Cuánto tengo que tomar por una vez?

꾸안또 뗑고 께 또마르 뽀르 우나 베스

아스피린 좀 주세요.

Las aspirinas, por favor.

라스 아스뻬리나스 뽀르 파보르

설사를 합니다.

Tengo diarrea.

뗑고 디아레아

저는 알레르기가 있습니다.

Soy propenso a la alergia.

쏘이 쁘로뺀소 알 라 알레르히아

배탈이 났을 때 먹는 약을 주세요.

Déme medicina contra la indigestión.

데메 메디씨나 꼰뜨랄 라 인디헤스띠온

길을 잃었습니다.

Me he perdido.

메 에 뻬르디도

여기가 어디입니까?

¿Dónde estamos?

돈데 에스따모스

걸어서 갈 수 있습니까?

¿Puedo ir a pie?

뿌에도 이르 아 삐에

버스정류장이 어디에 있습니까?

¿Dónde está la parada?

돈데 에스딸 라 빠라다

가장 가까운 역이 어디에 있습니까?

¿Dónde está la estación más cercana?

돈데 에스딸 라 에스따씨온 마스 쎄르까나

이 버스는 스페인광장을 지나갑니까?

¿Pasa este autobús por la Plaza de España?

빠싸 에스떼 아우또부스 뽀를 라 쁠라싸 데 에스빠냐

이 지도에서 그곳은 어디에 있습니까?

¿Dónde está en este mapa?

돈데 에스따 엔 에스떼 마빠

여기에서 세워 주세요.

Pare aquí.

빠레 아끼

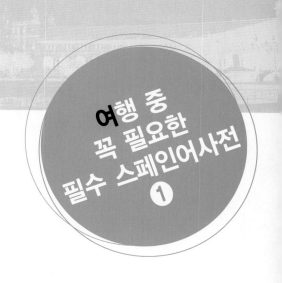

여행 중
꼭 필요한
필수 스페인어사전
①

0	cero	쎄로
1	uno	우노
2	dos	도스
3	tres	뜨레스
4	cuatro	꾸아뜨로
5	cinco	씽꼬
6	seis	쎄이스
7	siete	씨에떼
8	ocho	오초
9	nueve	누에베
10	diez	디에스
11	once	온쎄
12	doce	도쎄
13	trece	뜨레쎄
14	catorce	까또르쎄
15	quince	낀쎄
16	dieciséis	디에씨쎄이스
17	diecisiete	디에씨씨에떼
18	dieciocho	디에씨오초

19	diecinueve	디에씨누에베
20	veinte	베인떼
21	veintiuno	베인띠우노
22	veintidós	베인띠도스
23	veintitrés	베인띠뜨레스
24	veinticuatro	베인띠꾸아뜨로
25	veinticinco	베인띠씽꼬
26	veintiséis	베인띠쎄이스
27	veintisiete	베인띠씨에떼
28	veintiocho	베인띠오초
29	veintinueve	베인띠누에베
30	treinta	뜨레인따
40	cuarenta	꾸아렌따
50	cincuenta	씽꾸엔따
60	sesenta	세센따
70	setenta	세뗀따
80	ochenta	오첸따
90	noventa	노벤따
100	ciento	씨엔또
101	ciento uno	씨엔또 우노
102	ciento dos	씨엔또 도스
110	ciento diez	씨엔또 디에스
111	ciento once	씨엔또 온쎄
112	ciento doce	씨엔또 도쎄
120	ciento veinte	씨엔또 베인떼
200	doscientos	도씨엔또스
300	trescientos	뜨레씨엔또스

400	cuatrocientos	꾸아뜨로씨엔또스
500	quinientos	끼니엔또스
600	seiscientos	세이씨엔또스
700	setecientos	세떼씨엔또스
800	ochocientos	오초씨엔또스
900	novecientos	노베씨엔또스
1000	mil	밀
2000	dos mil	도스 밀
10,000	diez mil	뜨레스 밀
100,000	cien mil	씨엔 밀
200,000	doscientos mil	도스씨엔또스 밀
300,000	trescientos mil	뜨레스씨엔또스 밀
1,000,000	un millón	운 밀욘
2,000,000	dos millones	도스 밀요네스
10,000,000	diez millones	디에스 밀요네스
100,000,000	cien millones	씨엔 밀요네스

숫자 : 서수

첫 번째	primero	쁘리메로
두 번째	segundo	세군도
세 번째	tercero	떼르쎄로
네 번째	cuarto	꾸아르또
다섯 번째	quinto	낀또
여섯 번째	sexto	쎅스또
일곱 번째	séptimo	쎕띠모
여덟 번째	octavo	옥따보
아홉 번째	noveno	노베노
열 번째	décimo	데씨모

요 일

월요일	lunes	루네스
화요일	martes	마르떼스
수요일	miércoles	미에르꼴레스
목요일	jueves	후에베스
금요일	viernes	비에르네스
토요일	sábado	싸바도
일요일	domingo	도밍고

월

1월	enero	에네로
2월	febrero	페브레로
3월	marzo	마르쏘
4월	abril	아브릴
5월	mayo	마요
6월	junio	후니오
7월	julio	훌리오
8월	agosto	아고스또
9월	septiembre	쎕띠엠브레
10월	octubre	옥뚜브레
11월	noviembre	노비엠브레
12월	diciembre	디씨엠브레

계절

봄	la primavera	라 쁘리마베라
여름	el verano	엘 베라노
가을	el otoño	엘 오또뇨
겨울	el invierno	엘 인비에르노

시 간

오늘	hoy	오이
어제	ayer	아예르
그저께	anteayer	안떼아예르
내일	mañana	마냐나
내일 모레	pasado mañana	빠사도 마냐나
오전	por la mañana	뽀를 라 마냐
오후	por la tarde	뽀를 라 따르데
밤	por la noche	뽀를 라 노체
정오	mediodía	메디오디아
자정	medianoche	메디아노체
이번 주	esta semana	에스따 세마나
다음주	la semana próxima	라 세마나 쁘록시마
지난주	la semana pasada	라 세마나 빠사다
금년	este año	에스떼 아뇨
내년	el año próximo	엘 아뇨 쁘록시모
작년	el año pasado	엘 아뇨 빠사도
평일	día laborable	디아 라보라블레
주말	el fin de semana	엘 핀 데 세마나

가슴	el seno	엘 세노
귀	la oreja	라 오레하
눈	el ojo	엘 오호
눈썹	las cejas	라스 쎄하스
다리	la pierna	라 삐에르나
등	la espalda	라 에스빨다
머리	la cabeza	라 까베싸
머리카락	el pelo	엘 뻴로
목	el cuello	엘 꾸엘요
무릎	la rodilla	라 로딜야
발	el pie	엘 삐에
발가락	el dedo del pie	엘 데도 델 삐에
배	el vientre	엘 비엔뜨레
배꼽	el ombligo	엘 옴블리고
뺨	la mejilla	라 메힐야
손	la mano	라 마노
손가락	el dedo	엘 데도
손목	la muñeca	라 무녜까
손톱	la uña	라 우냐

어깨	el hombro	엘 옴브로
얼굴	la cara	라 까라
엉덩이	las nalgas	라스 날가스
이마	la frente	라 프렌떼
입	la boca	라 보까
입술	los labios	로스 라비오스
코	la nariz	라 나리쓰
팔	el brazo	엘 브라쏘
팔꿈치	el codo	엘 꼬도
허리	la cintura	라 신뚜라
혀	la lengua	라 렝구아

검정	negro	네그로
노랑	amarillo	아마릴요
밤색	marrón	마론
보라색	violeta	비올레따
분홍색	rosado	로사도
빨강	rojo	로호
연두색	verde claro	베르데 끌라로
오렌지색	anaranjado	아나랑하도
자주색	morado	모라도
주홍색	escarlata	에스까를라따
초록색	verde	베르데
파랑	azul	아쑬
하늘색	azul claro	아쑬 끌라로
회색	gris	그리스
흰색	blanco	블랑꼬

가족 관계

아버지	el padre	엘 뻐드레
어머니	la madre	라 마드레
할아버지	el abuelo	엘 아부엘로
할머니	la abuela	라 아부엘라
아들	el hijo	엘 이호
딸	la hija	라 이하
형제	el hermano	엘 에르마노
자매	la hermana	라 에르마나
형(오빠)	el hermano mayor	엘 에르마노 마요르
언니(누나)	la hermana mayor	라 에르마나 마요르
남동생	el hermano menor	엘 에르마노 메노르
여동생	la hermana menor	라 에르마나 메노르
손자	el nieto	엘 니에또
손녀	la nieta	라 니에따
삼촌(외삼촌)	el tío	엘 띠오
고모(이모)	la tía	라 띠아
사위	el yerno	엘 예르노
며느리	la nuera	라 누에라
시아버지(장인)	el suegro	엘 수에그로

시어머니(장모)	la suegra	라 수에그라
조카	el sobrino	엘 소브리노
사촌	el primo	엘 쁘리모

과 일

딸기	la fresa	라 프레사
레몬	el limón	엘 리몬
망고	el mango	엘 망고
멜론	el melón	엘 멜론
밀감	la mandarina	라 만다리나
바나나	el plátano	엘 쁠라따노
배	la pera	라 뻬라
복숭아	el durazno	엘 두라쓰노
사과	la manzana	라 만사나
살구	el albaricoque	엘 알바리꼬께
수박	la sandía	라 산디아
오디	la mora	라 모라
오렌지	la naranja	라 나랑하
체리	la cereza	라 쎄레싸
파인애플	la piña	라 뻬냐
포도	la uva	라 우바

채 소

감자	la patata	라 빠따따
당근	la zanahoria	라 싸나오리아
무	el rábano	엘 라바노
배추	el col china	엘 꼴 치나
샐러리	el apio	엘 아삐오
시금치	la espinaca	라 에스삐나까
아스파라거스	el espárrago	엘 에스빠라고
양배추	el col	엘 꼴
양상추	la lechuga	라 레추가
양파	la cebolla	라 쎄볼야
오이	el pepino	엘 뻬삐노
토마토	el tomate	엘 또마떼
파	la cebolleta	라 쎄볼예따
피망	el pimentón	엘 삐멘똔
호박	la calabaza	라 깔라바싸

어 류

가재	la langosta	라 랑고스따
갈치	la espada	라 에스빠다
고등어	la caballa	라 까발야
굴	la ostra	라 오스뜨라
낙지	el pulpo	엘 뿔뽀
대구	el bacalao	엘 바깔라오
새우	el camarón	엘 까마론
송어	la trucha	라 뜨루챠
연어	el salmón	엘 살몬
오징어	el calamar	엘 깔라마르
잉어	la carpa	라 까르빠
작은 가재	el langostín	엘 랑고스띤
조개	el marisco	엘 마리스꼬
참치	el atún	엘 아뚠
홍합	el mejillón	엘 메힐욘

직 업

검사	el fiscal	엘 피스깔
경찰관	el policía	엘 뽈리씨아
공학자	el ingeniero	엘 잉헤니에로
광부	el minero	엘 미네로
교수	el profesor	엘 쁘로페소르
기술자	el técnico	엘 떼끄니꼬
기업가	el empresario	엘 엠쁘레사리오
농부	el agricultor	엘 아그리꿀또르
등반가	el alpinista	엘 알삐니스따
무용가	el bailarín	엘 바일라린
미용사	la peluquera	라 뻴루께라
벨 보이	el botones	엘 보또네스
변호사	el abogado	엘 아보가도
사무원	el ofinista	엘 오피니스따
상인	el comerciante	엘 꼬메르씨안떼
소방관	el bombero	엘 봄베로
수녀	la monja	라 몽하
수의사	el veterinario	엘 베떼리나리오
신문기자	el periodista	엘 뻬리오디스따

아나운서	el locutor	엘 로꾸또르
여비서	la secretaria	라 세끄레따리아
여승무원	la azafata	라 아싸파따
연구원	el investigador	엘 인베스띠가도르
연극배우	el actor de teatro	
	엘 악또르 데 떼아뜨로	
영화배우	el actor de cine	엘 악또르 데 씨네
요리사	el cocinero	엘 꼬씨네로
운전기사	el conductor	엘 꼰둑또르
웨이터	el camarero	엘 까마레로
음악가	el músico	엘 무씨꼬
의사	el médico	엘 메디꼬
이발사	el peluquero	엘 뻴루께로
작가	el escritor	엘 에스끄리또르
정치인	el político	엘 뽈리띠꼬
조종사	el piloto	엘 삘로또
판사	el juez	엘 후에쓰
피아니스트	el pianista	엘 삐아니스따
화가	el pintor	엘 삔또르

거실	la sala de estar	
	라 살라 데 에스따르	
계단	la escalera	라 에스깔레라
다락방	el ático	엘 아띠꼬
뜰	el patio	엘 빠띠오
문	la puerta	라 뿌에르따
발코니	el balcón	엘 발꼰
방	la habitación	라 아비따씨온
베란다	la terraza	라 떼라싸
벽	la pared	라 빠렏
부엌	la cocina	라 꼬씨나
수영장	la piscina	라 삐씨나
식당	el comedor	엘 꼬메도르
옥상	la azotea	라 아쏘떼아
정원	el jardín	엘 하르딘
지붕	el tejado	엘 떼하도
지하실	el sótano	엘 쏘따노
차고	el garaje	엘 가라헤
창문	la ventana	라 벤따나

천장	el techo	엘 떼쵸
침실	el dormitorio	엘 도르미또리오
현관	el vestíbulo	엘 베스띠불로
화장실	el baño	엘 바뇨

베개	la almohada	라 알모아다
벽난로	la chimenea	라 치메네아
샹들리에	la lámpara colgante	라 람빠라 꼴간떼
세탁기	la lavadora	라 라바도라
소파	el sofá	엘 소파
식탁	la mesa de cocina	라 메사 데 꼬씨나
식탁보	el mantel	엘 만뗄
에어컨	el aire acondicionado	
	엘 아이레 아꼰디씨오나도	
오븐	el horno	엘 오르노
옷장	el armario	엘 아르마리오
의자	la silla	라 씰야
이불	la sábana	라 사바나
침대	la cama	라 까마
카펫	la alfombra	라 알폼브라
커튼	la cortina	라 꼬르띠나
쿠션	el almohadón	엘 알모아돈
테이블	la mesa	라 메사
피아노	el piano	엘 삐아노

의복

넥타이	la corbata	라 꼬르바따
모자	el sombrero	엘 솜브레로
바지	los pantalones	로스 빤딸로네스
벨트	el cinturón	엘 씬뚜론
브래지어	el sostén	엘 소스뗀
블라우스	la blusa	라 블루사
셔츠	la camisa	라 까미사
수영복	el traje de baño	엘 뜨라헤 데 바뇨
스타킹	las medias	라스 메디아스
실내가운	la bata	라 바따
양말	los calcetines	로스 깔쎄띠네스
양복	el traje	엘 뜨라헤
잠옷	el pijama	엘 삐하마
재킷	la chaqueta	라 챠께따
조끼	el chaleco	엘 찰레꼬
치마	la falda	라 팔다

동 물

개	el perro	엘 뻬로
개구리	la rana	라 라나
거북이	la tortuga	라 또르뚜가
고양이	el gato	엘 가또
곰	el oso	엘 오소
기린	la jirafa	라 히라파
늑대	el lobo	엘 로보
닭	el gallo	엘 갈요
돼지	el cerdo	엘 쎄르도
말	el caballo	엘 까발요
뱀	el serpiente	엘 세르뼤엔떼
사자	el león	엘 레온
암소	la vaca	라 바까
양	la oveja	라 오베하
여우	el zoro	엘 쏘로
염소	la cabra	라 까브라
오리	el pato	엘 빠또
원숭이	el mono	엘 모노
제비	la golondrina	라 골론드리나

쥐	la rata	라 라따
코끼리	el elefante	엘 엘레판떼
토끼	el conejo	엘 꼬네호
펭귄	el penguín	엘 뻥긴
표범	el leopardo	엘 레오빠르도
하마	el hipopótamo	엘 이뽀뽀따모
호랑이	el tigre	엘 띠그레
황소	el toro	엘 또로

여행 중
꼭 필요한
필수 스페인어사전
②

ㄱ

가게	la tienda	라 띠엔다
가격	el precio	엘 쁘레씨오
가구	el mueble	엘 무에블레
가끔	a veces	아 베세쓰
가난	la porbreza	라 뽀브레싸
가능성	la posibilidad	라 뽀씨빌리닷
가다	ir	이르
가득한	lleno	예노
가로	la avenida	라 아베니다
가르치다	enseñar	엔세냐르
가리키다	indicar	인디까르
가면	la máscara	라 마스까라
가발	la peluca	라 뻴루까
가방	el bolso	엘 볼소
가벼운	ligero	리헤로
가설	la hipótesis	라 이뽀떼시스
가수	el cantante	엘 깐딴떼
가스	el gas	엘 가스
가요	la canción	라 깐씨온
가위	las tijeras	라스 띠헤라스
가을	el otoño	엘 오또뇨
가이드	el guía	엘 기아
가정	el hogar	엘 오가르
가져가다	llevar	예바르

가져오다	traer	뜨라에르
가족	la familia	라 파밀리아
가죽	la piel	라 삐엘
가죽제품	productos de piel	
	쁘로둑또스 데 삐엘	
가지다	tener	떼네르
가짜의	falso	팔소
가치	el valor	엘 발로르
간	el hígado	엘 이가도
간단한	sencillo	센씰요
간접적인	indirecto	인디렉또
간호사	la enfermera	라 엔페르메라
갈매기	la gaviota	라 가비오따
갈비	la chuleta	라 출레따
갈아타다	transbordar	뜨란스보르다르
갈증	la sed	라 셋
감각	el sentido	엘 센띠도
감격하다	emocionarse	에모씨오나르세
감기	el resfriado	.엘 레스프리아도
감다	cerrar	쎄라르
감상하다	apreciar	아쁘레씨아르
감옥	la cárcel	라 까르쎌
감자	la patata	라 빠따따
감자튀김	patatas fritas	
	빠따따스 프리따스	
갑자기	de golpe	데 골뻬
갑판	la cubierta	라 꾸비에르따

값싼	barato	바라또
강	el río	엘 리오
강도	el bandido	엘 반디도
강박관념	la obsesión	라 옵세씨온
강연	la conferencia	라 꼰페렌씨아
강좌	el curso	엘 꾸르소
강한	fuerte	푸에르떼
같은	igual	이구알
개	el perro	엘 뻬로
개관시간	la hora de apertura	
	라 오라 데 아뻬르뚜라	
개성	la personalidad	라 뻬르소날리닷
개인	el individual	엘 인디비두알
개찰구	el portillo de andén	
	엘 뽀르띠요 데 안덴	
개최하다	celebrarse	쎌레브라르세
객관적인	objetivamente	오브헤띠바멘떼
갱신하다	renovar	레노바르
거대한	gigante	히간떼
거리	la calle	라 깔예
거스름돈	el cambio	엘 깜비오
거울	el espejo	엘 에스뻬호
거주자	residente	레씨덴떼
거친	bruto	브루또
거품	la espuma	라 에스뿌마
걱정	la preocupación	
	라 쁘레오꾸빠씨온	

건강	la salud	라 살룻
건너가다	atravesar	아뜨라베사르
건물	el edificio	엘 에디피씨오
건전지	la pila	라 삘라
건전한	sano	사노
건조한	seco	세꼬
걸다	colgar	꼴가르
걸레	el trapo	엘 뜨라뽀
걸어가다	ir a pie	이르 아 삐에
걸작	la gran obra	라 그란 오브라
검사하다	examinar	엑사미나르
검표원	el revisor	엘 레비소르
게임	el juego	엘 후에고
겨울	el invierno	엘 인비에르노
견인차	la grúa	라 그루아
결정하다	decidir	데씨디르
결혼	el casamiento	엘 까사미엔또
겸손한	humilde	우밀데
경기자	el jugador	엘 후가도르
경력	la carrera	라 까레라
경영	la administración	
	라 아드미니스뜨라씨온	
경우	el caso	엘 까소
경제	la economía	라 에꼬노미아
경찰	la policía	라 뽈리씨아
경찰관	el agente de policía	
	엘 아헨떼 데 뽈리씨아	

경찰서	la comisaría	라 꼬미사리아
경향	la tendencia	라 뗀덴시아
경험	la experiencia	
	라 엑스뻬리엔시아	
계단	la escalera	라 에스깔레라
계란	el huevo	엘 우에보
계란 프라이	huevo frito	우에보 프리또
계산(서)	la cuenta	라 꾸엔따
계산대	la caja	라 까하
계속해서	continuamente	꼰띠누아멘떼
계약	el contrato	엘 꼰뜨라또
계획	el plan	엘 쁠란
고객	el cliente	엘 끌리엔떼
고국	la patria	라 빠뜨리아
고귀한	noble	노블레
고기	la carne	라 까르네
고려하다	considerar	꼰시데라르
고발하다	denunciar	데눈씨아르
고속도로	la autopista	라 아우또삐스따
고양이	el gato	엘 가또
고용	el empleo	엘 엠쁠레오
고장나다	averiarse	아베리아르세
고집하다	insistir	인씨스띠르
고추	el ají	엘 아히
고통	la pena	라 뻬나
고향	la tierra natal	라 띠에라 나딸
곡류	el cereal	엘 쎄레알

골동품	las antigüedades	
	라스 안띠구에다데스	
골프	el golf	엘 골프
공	la pelota	라 뻴로따
공간	el espacio	엘 에스빠씨오
공공의	público	뿌블리꼬
공급	la oferta	라 오페르따
공급하다	suministrar	수미니스프라르
공기	el aire	엘 아이레
공동의	común	꼬문
공범	el cómplice	엘 꼼쁠리쎄
공부	el estudio	엘 에스뚜디오
공부하다	estudiar	에스뚜디아르
공식적인	oficial	오피씨알
공업	la industria	라 인두스뜨리아
공연	la función	라 푼씨온
공예품	el objeto de artesanía	
	엘 오브헤또 에 아르떼사니아	
공원	el parque	엘 빠르께
공장	la fábrica	라 파브리까
공중전화	el teléfono público	
	엘 뗄레포노 뿌블리꼬	
공중전화 박스	la cabina telefónica	
	라 까비나 뗄레포니까	
공중화장실	el sevicio público	
	엘 세르비씨오 뿌블리꼬	
공포	el terror	엘 떼로르

공항	el aeropuerto	
	엘 아에로뿌에르또	
공항세	impuesto de aeropuerto	
	임뿌에스또 데 아에로뿌에르또	
공해	la contaminación	
	라 꼰따미나씨온	
과거	el pasado	엘 빠사도
과일	la fruta	라 프루따
과정	el curso	엘 꾸르소
과학	la ciencia	라 씨엔씨아
관객	el espectador	엘 엑스뻭따도르
관계	la relación	라 렐라씨온
관광	el turismo	엘 뚜리스모
관광객	el turista	엘 뚜리스따
관광안내책자	el folleto turístico	
	엘 폴예또 뚜리스띠꼬	
관대한	generoso	헤네로소
관세법	derecho de aduana	
	데레초 데 아두아나	
관습	la costumbre	라 꼬스뚬브레
관절염	el artritis	엘 아르뜨리띠스
광고	la publicidad	라 뿌블리씨닷
광장	la plaza	라 쁠라싸
교외열차	el tren de cercanía	
	엘 뜨렌 데 쎄르까니아	
교육	la educación	라 에두까씨온
교차로	el cruce	엘 끄루쎄

교통	el tráfico	엘 뜨라피꼬
교통사고	el accidente de tráfico	
		엘 악씨덴떼 데 뜨라피꼬
교환	el intercambio	엘 인떼르깜비오
교환원	el telefonista	엘 뗄레포니스따
교회	la iglesia	라 이글레시아
구급차	la ambulancia	라 암불란씨아
구두	los zapatos	로스 싸바또스
구두끈	el cordón	엘 꼬르돈
구름	la nube	라 누베
구명보트	la lancha salvavidas	
		라 란차 살바비다스
구명재킷	el chaleco salvavidas	
		엘 찰레꼬 살바비다스
구석	el rincón	엘 링꼰
구원	el socorro	엘 소꼬로
국가	la nación	라 나씨온
국가번호	el número del país	
		엘 누메로 델 빠이스
국내선	la línea nacional	
		라 리네아 나씨오날
국도	la carretera nacional	
		라 까레떼라 나씨오날
국왕	el rey	엘 레이
국외	el extranjero	엘 에스뜨랑헤로
국적	la nacionalidad	라 나씨오날리닷

국제선	la línea internacional	
	라 리네아 인떼르나씨오날	
국제적인	internacional	인떼르나씨오날
국제전화	la llamada internacional	
	라 야마다 인떼르나씨오날	
군대	el ejército	엘 에헤르씨또
군인	el soldado	엘 솔다도
굽	el tacón	엘 따꼰
굽이 낮은	de tacón bajo	데 따꼰 바호
굽이 높은	de tacón alto	데 따꼰 알따
궁전	el palacio	엘 빨라씨오
권리	el derecho	엘 데레초
권총	la pistola	라 삐스똘라
귀고리	los pendientes	로스 뻰디엔떼스
귀중품 보관함	la caja fuerte	라 까하 푸에르떼
그것	eso	엣소
그녀	ella	엘야
그러나	pero	뻬로
그리다	pintar	삔따르
그림	el cuadro	엘 꾸아드로
극장	el teatro	엘 떼아뜨로
근육	el músculo	엘 무스꿀로
금	el oro	엘 오로
금발의	rubio	루비오
금속	el metal	엘 메딸
금연	prohibido fumar	
	쁘로이비도 푸마르	

금연차	coche no fumador	꼬체 노 푸마도르
금요일	el viernes	엘 비에르네스
급행열차	el tren expreso	
	엘 뜨렌 에스쁘레소	
기계	la máquina	라 마끼나
기념물	el monumento	엘 모누멘또
기념품	los recuerdos	
	로스 레꾸에르도스	
기다리다	esperar	에스뻬라르
기름	el aceite	엘 아쎄이떼
기본	la base	라 바쎄
기술	la técnica	라 떼끄니까
기온	la temperatura	라 뗌뻬라뚜라
기적	el milagro	엘 밀라그로
기차	el tren	엘 뜨란
기침약	la tos	라 또스
기타	la guitarra	라 기따라
기호	el signo	엘 씨그노
기혼녀	la casada	라 까사다
기혼자	el casado	엘 까사도
기회	la oportunidad	라 오뽀르뚜니닷
기후	el clima	엘 끌리마
긴	largo	라르고
긴급	la emergencia	라 에메르헨씨아
길이	la longitud	라 롱히돗
깊이	la profundidad	라 쁘로푼디닷
깡통	la lata	라 라따

꽃	la flor	라 플로르
꽃가게	la florería	라 플로레리아
끌어안다	abrazar	아브라싸르
끝나다	terminar	떼르미나르

ㄴ

나	yo	요
나가다	salir	살리르
나누다	partir	빠르띠르
나라	el país	엘 빠이스
나무	el árbol	엘 아르볼
나쁜	malo	말로
나이프	el cuchillo	엘 꾸칠요
낚시하다	pescar	뻬스까르
난방	la calefacción	라 깔레팍씨온
날	el día	엘 디아
날다	volar	볼라르
날씨	el tiempo	엘 띠엠뽀
남다	quedarse	께다르세
남쪽	el sur	엘 수르
남편	el marido	엘 마리도
낭만적인	romántico	로만띠꼬
낮은	bajo	바호
낮잠	la siesta	라 씨에스따
내과의사	el internista	엘 인떼르니스따

내려가다	bajar	바하르
내의	la ropa interior	
		라 로빠 인떼리오르
내일	mañana	마냐나
냄새	el olor	엘 올로르
냅킨	la servilleta	라 세르빌예따
냉수	el agua fría	엘 아구아 프리아
냉장고	el frigorífico	엘 프리고리피꼬
	la nevera	라 네베라
너	tú	뚜
너희들	vosotros	보소뜨로스
넓은	ancho	안초
넥타이	la corbata	라 꼬르바따
노래	la canción	라 깐씨온
노래하다	cantar	깐따르
노인	el viejo	엘 비에호
녹음하다	grabar	그라바르
녹차	el té verde	엘 떼 베르데
놀다	jugar	후가르
놀라다	asustarse	아수스따르세
농업	la agricultura	라 아그리꿀뚜라
눈	la nieve	라 니에베
눈이 오다	nevar	네바르
눕다	acostarse	아꼬스따르세
능력	la capacidad	라 까빠시닷
늦은	tarde	따르데

ㄷ

다루다	tratar	뜨라따르
다리(교량)	el puente	엘 뿌엔떼
다리미	el plancha	엘 쁠란차
다림질	el planchado	엘 쁠란차도
다양한	diverso	디베르소
다음의	próximo	쁘록시모
다이아몬드	el diamante	엘 디아만떼
단과대학	la facultad	라 파꿀땃
단위	la unidad	라 우니닷
단점	el defecto	엘 데펙또
단체	el grupo	엘 그루뽀
단추	el botón	엘 보똔
닫다	cerrar	세라르
달러	dólar	돌라르
달리다	correr	꼬레르
달콤한	dulce	둘쎄
닭고기	el pollo	엘 뽀요
담배	el cigarrillo	엘 씨가릴요
담배 피우다	fumar	푸마르
담요	la manta	라 만따
답변하다	contestar	꼰떼스따르
당뇨병	el diabetis	엘 디아베띠스
당신(존칭)	usted (Ud.)	우스뗏

대기자명단	lista de espera	
	리스따 데 에스뻬라	
대변	las heces	라스 에쎄스
대사관	la embajada	라 엠바하다
대성당	la catedral	라 까떼드랄
대통령	el presidente	엘 쁘레시덴떼
대합실	sala de espera	
	살라 데 에스뻬라	
대화	la conversación	라 꼰베르싸씨온
더러운	sucio	수씨오
더블 룸	el cuarto doble	
	엘 꾸아르또 도블레	
도둑	el ladrón	엘 라드론
도로	la carretera	라 까레떼라
도로지도	el mapa de carreteras	
	엘 마빠 데 까레떼라스	
도망치다	escapar	에스까빠르
도서관	la biblioteca	라 비블리오떼까
도시	la ciudad	라 씨우닷
도자기	la porcelana	라 뽀르셀라나
도착	la llegada	라 예가다
도착시간	la hora de llegada	
	라 오라 데 예가다	
도착하다	llegar	예가르
독서	la lectura	라 렉뚜라
돈	el dinero	엘 디네로
돌아오다	regresar	레그레싸르

돕다	ayudar	아유다르
동물	el animal	엘 아니말
동전	la moneda metálica	
	라 모네다 메딸리까	
동전지갑	el monedero	엘 모네데로
동쪽	el este	엘 에스떼
돼지고기	la carne de cerdo	
	라 까르네 데 쎄르도	
두드러기	la urticaria	아 우르띠까리아
두통	el dolor de cabeza	
	엘 돌로르 데 까베싸	
드라이클리닝	lavado en seco	라바도 엔 세꼬
듣다	oír	오이르
등기우편	el correo certificado	
	엘 꼬레오 세르띠피까도	
등대	el faro	엘 파로
등심	el solomillo	엘 솔로밀요
디스코텍	la discoteca	라 디스꼬떼까
딸	la hija	라 이하
딸기	la fresa	라 프레사
뜨거운	caliente	깔리엔떼

ㄹ

라디오	la radio	라 라디오
라이벌	el rival	엘 리발
라이터	el encendedor	엘 엔센데도르
라켓	la raqueta	라 라께따
램프	la lámpara	라 람빠라
레몬홍차	el té con limón	엘 떼 꼰 리몬
레스토랑	el restaurante	엘 레스따우란떼
레인코트	el impermeable	
	엘 임뻬르메아블레	
루비	el rubí	엘 루비
리셉션	la recepción	라 리셉씨온

ㅁ

마늘	el ajo	엘 아호
마시다	beber	베베르
마을	el pueblo	엘 뿌에블로
마지막	último	울띠모
만나다	encontrarse	엔꼰뜨라르세
만들다	hacer	아쎄르
많은	mucho	무초
말하다	hablar	아블라르
맛	el sabor	엘 사보르

맛있는	delicioso	델리씨오소
망토	la capa	라 까빠
매니큐어	la manicura	라 마니꾸라
매력	la atracción	라 아뜨락씨온
매일	todos los días	
	또도스 로스 디아스	
매표소	la taquilla	라 따낄야
매표원	taquillero	따낄예로
맥박	el pulso	엘 뿔소
맥주	la cerveza	라 쎄르베싸
맥줏집	la cervecería	라 쎄르베쎄리아
맹장염	la apendicitis	라 아뻰디시띠스
머리	la cabeza	라 까베싸
머리손질	el peinado	엘 뻬이나도
머리카락	el pelo	엘 뻴로
먹다	comer	꼬메르
멀미	el mareo	엘 마레오
메뉴	el menú	엘 메누
메시지	el recado	레까도
멜론	el melón	엘 멜론
면	el algodón	엘 알고돈
면도	el afeitado	엘 아페이따도
면도기	la afeitadora	라 아페이따도라
면세	exento de impuesto	
	엑센또 데 임뿌에스또	
명승지	el lugar de interés	
	엘 루가르 데 인떼레스	

모기	el mosquito	엘 모스끼또
모래	la arena	라 아레나
모방하다	imitar	이미따르
모범	el modelo	엘 모델로
모임	la reunión	라 레우니온
모자	el sombrero	엘 솜브레로
모텔	el motel	엘 모텔
목	el cuello	엘 꾸엘요
목걸이	el collar	엘 꼴야르
목요일	el jueves	엘 후에베스
목욕하다	bañarse	바냐르세
목적지	el destino	엘 데스띠노
무거운	pesado	뻬사도
무대	la escena	라 에스쎄나
무료입장	la entrada libre 라 엔뜨라다 리브레	
무서운	horrible	오리블레
무엇	qué	께
묵다	hospedarse	오스뻬다르세
문	la puerta	라 뿌에르따
문구점	la papelería	라 빠뻴레리아
문을 닫다	cerrar	쎄라르
문을 열다	abrir	아브리르
문제	el problema	엘 쁘로블레마
문학	la literatura	라 리떼라뚜라
문화	la cultura	라 꿀뚜라
물	el agua	엘 아구아

물고기	el pez	엘 뻬스
미래	el futuro	엘 푸뚜로
미용실	la peluquería	라 뻴루께리아
미혼의	soltero	쏠떼로
믿다	creer	끄레에르
밀크커피	café con leche	까페 꼰 레체

ㅂ

바	el bar	엘 바르
바꾸다	cambiar	깜비아르
바나나	el plátano	엘 쁠라따노
바다	el mar	엘 마르
바람	el viento	엘 비엔또
바비큐	la barbacoa	라 바르바꼬아
바쁜	ocupado	오꾸빠도
바지	los pantalones	로스 빤딸로네스
박람회	la feria	라 페리아
박물관	el museo	엘 무세오
반송	el reenvío	엘 렌비오
반지	el anillo	엘 아닐요
반창고	el esparadrapo	
	엘 에스빠라드라뽀	
받다	recibir	리시비르
받아들이다	aceptar	아셉따르
발	el pie	엘 삐에

발견	el descubrimiento	
	엘 데스꾸브리미엔또	
발레	el ballet	엘 발렛
발송인	el remitente	엘 레미뗀떼
밤	la noche	라 노체
방	el cuarto	엘 꾸아르또
방	la habitación	라 아비따씨온
방문하다	visitar	비씨따르
방법	la manera	라 마네라
방학	las vacaciones	
	라스 바까씨온네스	
방향	la dirección	라 디렉씨온
배(과일)	la pera	라 뻬라
배(선박)	el barco	엘 바르꼬
배구	el volibol	엘 볼리볼
배낭	la mochila	라 모칠라
배우다	aprender	아쁘렌데르
백화점	el almacén	엘 알마쎈
버스	el autobús	엘 아우또부스
버터	la mantequilla	라 만떼끼야
번역	la traducción	라 뜨라둑씨온
번호	el número	엘 누메로
벌금	la multa	라 물따
법률	la ley	라 레이
벗다	quitarse	끼따르세
벨트	el cinturón	엘 씬뚜론
보다	ver	베르

보석	la joya	라 호야
보증	la garantía	라 가란띠아
보증금	el depósito	엘 데뽀시또
보통열차	el tren ómnibus	엘 뜨렌 옴니부스
보험	el seguro	엘 세구로
보험회사	la compañía de seguros	
	라 꼼빠니아 데 세구로스	
복권	la lotería	라 로떼리아
복도	el pasillo	엘 빠실요
복사	la fotocopia	라 포또꼬삐아
복사하다	copiar	꼬삐아르
본보기	el ejemplo	엘 에헴쁠로
볼펜	el bolígrafo	엘 볼리그라포
봄	la primavera	라 쁘리마베라
봉사	el servicio	엘 세르비씨오
봉사하다	servir	세르비르
봉투	el sobre	엘 소브레
부모	los padres	로스 빠드레스
부부	el matrimonio	엘 마뜨리모니오
부상(자)	el herido	엘 에리도
부엌	la cocina	라 꼬씨나
부인	la esposa	라 에스뽀사
부츠	las botas	라스 보따스
북쪽	el norte	엘 노르떼
분	el minuto	엘 미누또
분실물	objetos perdidos	
	오브헤또스 뻬르디도스	

불	el fuego	엘 후에고
불쌍한	pobre	뽀브레
불편한	incómodo	인꼬모도
붕대	la venda	라 벤다
브래지어	el sostén	엘 소스뗀
브레이크	el freno	엘 프레노
블라우스	la blusa	라 블루사
블랙커피	el café solo	엘 까페 솔로
비	la lluvia	라 유비아
비거주자	no residente	노 레시덴떼
비극	la tragedia	라 뜨라헤디아
비누	el jabón	엘 하본
비디오	el vídeo	엘 비데오
비밀	el secreto	엘 쎄끄레또
비싼	caro	까로
비용	el costo	엘 꼬스또
비자	el visado	엘 비사도
비타민	la vitamina	라 비따미나
비프스테이크	el bistec	엘 비스떽
비행기	el avión	엘 아비온
비행기편	el vuelo	엘 부엘로
빌리다	alquilar	알낄라르
빛	la luz	라 루쓰
빠른	rápido	라삐도
빵가게	la panadería	라 빠나데리아
뼈	el hueso	엘 우에쏘

ㅅ		
사고	el accidente	엘 악시덴떼
사과	la manzana	라 만사나
사냥	la caza	라 까싸
사다	comprar	꼼쁘라르
사람	el hombre	엘 옴브레
사랑	el amor	엘 아모르
사랑하다	querer	께레르
사무실	la oficina	라 오피씨나
사실	la verdad	라 베르닷
사업	el negocio	엘 네고시오
사용하다	usar	우사르
사원(절)	el templo	엘 뗌쁠로
사이즈	la talla	라 딸야
사인	la firma	라 피르마
사인하다	firmar	피르마르
사진	la foto	라 포또
사진 찍다	tomar la foto	또마르 라 포또
산	la montaña	라 몬따냐
산책하다	pasear	빠세아르
삼촌	el tío	엘 띠오
상가	la calle comercial	
	라 깔예 꼬메르시알	
상단침대	cama de arriba	까마 데 아리바
새로운	nuevo	누에보

색	el color	엘 꼴로르
샌드위치	el bocadillo	엘 보까딜요
샌들	las sandalias	라스 산달리아스
샐러드	la ensalada	라 엔살라다
생년월일	fecha de nacimiento	
	페차 데 나씨미엔또	
생선	el pescado	엘 뻬스까도
생일	el cumpleaños	엘 꿈쁠레아뇨스
샤베트	el sorbete	엘 소르베떼
샤워	la ducha	라 두차
샴페인	el champán	엘 참빤
샴푸	el champú	엘 참뿌
서류	documento	도꾸멘또
서류가방	la cartera	라 까르떼라
서명	la firma	라 피르마
서점	la librería	라 리브레리아
서쪽	el oeste	엘 오에스떼
선글라스	las gafas de sol	라스 가파스 데 솔
선물	el regalo	엘 레갈로
선물하다	regalar	레갈라르
선박	el barco	엘 바르꼬
선생님	el profesor	엘 쁘로페소르
선실	el camarote	엘 까마로떼
선원	el marinero	엘 마리네로
선장	el capitán	엘 까삐딴
선창	el muelle	엘 무엘예
설사	la diarrea	라 디아레아

설익은	poco cocido	뽀꼬 꼬시도
설탕	el azúcar	엘 아쑤까르
성	el apellido	엘 아뻴이도
성당	la catedral	라 까떼드랄
성인	el adulto	엘 아둘또
성탄절	Navidad	나비닷
세관	la aduana	라 아두아나
세관원	el aduanero	엘 아두아네로
세금	el impuesto	엘 임뿌에스또
세면대	el lavabo	엘 라바보
세탁소	lavandería	라반데리아
세탁하다	lavar	라바르
셔츠	la camisa	라 까미사
소개	la presentación	라 쁘레센따씨온
소금	la sal	라 쌀
소녀	la muchacha	라 무차차
소년	el muchacho	엘 무차초
소매치기	el ratero	엘 라떼로
소변	la orina	라 오리나
소설	la novela	라 노벨라
소시지	el chorizo	엘 초리쏘
소포	el paquete postal	
	엘 빠께떼 뽀스딸	
소풍	la excursión	라 에스꾸르씨온
소화불량	la indigestión	라 인디헤스띠온
속달우편	el correo urgente	
	엘 꼬레오 우르헨떼	

속옷	la ropa interioir	
	라 로빠 인떼리오르	
손님	el cliente	엘 끌리엔떼
손목시계	el reloj de pulsera	
	엘 레로흐 데 뿔세라	
손수건	el pañuelo	엘 빠뉴엘로
쇠고기	la carne de vaca	라 까르네 데 바까
쇼윈도	el escaparate	엘 에스까빠라떼
수건	la toalla	라 또알야
수도	la capital	라 까삐딸
수도꼭지	el grifo	엘 그리포
수리	la reparación	라 레빠라씨온
수리공장	el taller de reparación	
	엘 딸예르 데 레빠라씨온	
수리하다	reparar	레빠라르
수면제	las pastillas para dormir	
	라스 빠스띨야스 빠라 도르미르	
수수료	la comisión	라 꼬미씨온
수술	la operación	라 오뻬라씨온
수신인	el destinatario	
	엘 데스띠나따리오	
수영복	el traje de baño	엘 뜨라헤 데 바뇨
수영장	la piscina	라 삐씨나
수영하다	nadar	나다르
수요일	el miércoles	엘 미에르꼴레스
수위	el conserje	엘 꼰세르헤
수입	la importación	라 임뽀르따씨온

250

수정하다	corregir	꼬레히르
수족관	el acuario	엘 아꾸아리오
수출	la exportación	
	라 엑스뽀르따씨온	
수표	el cheque	엘 체께
수프	la sopa	라 소빠
수하물	equipaje de mano	에끼빠헤 데 마노
수하물보관소	la consigna	라 꼰시그나
수화기	el aparato receptor	
	엘 아빠라또 레셉또르	
숙박소	la fonda	라 폰다
순서	el orden	엘 오르덴
순간	el momento	엘 모멘또
순찰차	el coche patrulla de policía	
	엘 꼬체 빠뜨룰야 데 뽈리씨아	
숟가락	la cuchara	라 꾸차라
술	bebida alcohólica	
	베비다 알꼬올리까	
술잔	la copa	라 꼬빠
숲	el bosque	엘 보스께
슈퍼마켓	el supermercado	
	엘 수뻬르메르까도	
스웨터	el jersey	엘 헤르세이
스위치	el interruptor	엘 인떼르룹또르
스크린	la pantalla	라 빤딸야
스키	el esquí	엘 에스끼
스키를 타다	esquiar	에스끼아르

스타킹	las medidas	라스 메디다스
스테이크	el bistec	엘 비스떽
스튜어디스	la azafata	라 아싸파따
스페인어	el español	엘 에스빠뇰
스포츠	el deporte	엘 데뽀르떼
슬리퍼	las chanclas	라스 찬끌라스
승객	el pasajero	엘 빠사헤로
승선	el embarque	엘 엠바르께
승선하다	embarcar	엠바르까르
승차권	el billete	엘 빌예떼
시간	la hora	라 오라
시간이 걸리다	tardarse	따르다르세
시간표	el horario	엘 오라리오
시내관광	el turismo urbano	
	엘 뚜리스모 우르바노	
시내버스	el autobús ciudadano	
	엘 아우또부스 씨우다다노	
시내중심	el centro de ciudad	
	엘 쎈뜨로 데 씨우닷	
시내통화	la llamada urbana	
	라 야마다 우르바나	
시대	la época	라 에뽀까
시장	el mercado	엘 메르까도
시차	la diferencia de horas	
	라 디페렌시아 데 오라스	
시청	el ayuntamiento	엘 아윤따미엔또
시험	el examen	엘 엑사멘

식당차	el coche comedor	엘 꼬체 꼬메도르
식물원	el jardín botánico	
	엘 하르딘 보따니꼬	
식사	la comida	라 꼬미다
식사하다	comer	꼬메르
식욕	el apetito	엘 아뻬띠또
신고	la declaración	라 데끌라라씨온
신고하다	declarar	데끌라라르
신문	el periódico	엘 뻬리오디꼬
신문기자	periodista	뻬리오디스따
신용카드	la tarjeta de crédito	
	라 따르헤따 데 끄레디또	
신청하다	solicitar	솔리씨따르
신호등	el semáforo	엘 세마포로
실크	la seda	라 세다
심장병	la enfermedad cardíaca	
	라 엔페르메닷 까르디아까	
싱글 룸	el cuarto sencillo	
	엘 꾸아르또 센씨요	
싼	barato	바라또
쌀	el arroz	엘 아로쓰
쌍	la pareja	라 빠레하
쓰다	escribir	에스끄리비르

ㅇ

한국어	스페인어	발음
아내	la esposa	라 에스뽀사
아동복	ropa de niños	로빠 데 니뇨스
아들	el hijo	엘 이호
아버지	el padre	엘 빠드레
아스피린	la aspirina	라 아스삐리나
아이스크림	el helado	엘 엘라도
아침 식사	el desayuno	엘 데사유노
안경	las gafas	라스 가파스
안경점	la óptica	라 옵띠까
안내소	la información	라 인포르마씨온
안내원	el guía	엘 기아
안내책자	la guía	라 기아
안전벨트	el cinturón de seguiridad	
	엘 씬뚜론 데 세구리닷	
알레르기	la alergía	라 알레르히아
암	el cáncer	엘 깐세르
액세서리	los accesorios	
	로스 악세소리오스	
앰불런스	la ambulancia	라 암불란씨아
야간열차	el tren nocturno	엘 뜨렌 녹뚜르노
야구	el béisbol	엘 베이스볼
야채	la verdura	라 베르두라
약	la medicina	라 메디씨나
약국	la farmacia	라 파르마씨아

약사	el farmacéutico	
	엘 파르마쎄우띠꼬	
약속	la cita	라 씨따
양고기	la carne de cordero	
	라 까르네 데 꼬르데로	
양말	los calcetines	로스 깔세띠네스
양모	la lana	라 라나
양복	el traje	엘 뜨라헤
어금니	la muela	라 무엘라
어린이(남)	el niño	엘 니뇨
어린이(여)	la niña	라 니냐
어머니	la madre	라 마드레
어제	ayer	아예르
얼마	cuánto	꾸안또
에어컨	el aire acondicionado	
	엘 아이레 아꼰디씨오나도	
엔진 오일	el aceite de motor	
	엘 아쎄이떼 데 모또르	
엘리베이터	el ascensor	엘 아스쎈소르
여관	el hostal	엘 오스딸
여권	el pasaporte	엘 빠사뽀르떼
여름	el verano	엘 베라노
여승무원	la azafata	라 아싸파따
여행사	la agencia de viajes	
	라 아헨씨아 데 비아헤스	
여행일정표	el itinerario	엘 이띠네라리오
여행자 수표	el cheque de viaje	엘 체께 데 비아헤

여행하다	viajar	비아하르
역	la estación	라 에스따씨온
연극	el teatro	엘 떼아뜨로
연료통	el tanque	엘 땅께
열	la fiebre	라 피에브레
열다	abrir	아브리르
열쇠	la llave	라 야베
열쇠고리	el llavero	엘 야베로
염색하다	teñir	떼니르
엽서	la tarjeta postal	
	라 따르헤따 뽀스딸	
영수증	el comprobante	엘 꼼쁘로반떼
	el recibo	엘 레시보
영화(관)	el cine	엘 씨네
예금	el depósito	엘 데뽀시또
예비타이어	neumático de repuesto	
	네우마띠꼬 데 레뿌에스또	
예약	la reservación	라 레세르바씨온
	la reserva	라 레세르바
예약하다	reservar	레세르바르
오늘	hoy	오이
오렌지	la naranja	라 나랑하
오렌지주스	el zumo de naranja	엘 쑤모 데 나랑하
오른쪽으로	a la derecha	알 라 데레차
오믈렛	la tortilla española	
	라 또르띠야 에스빠뇰라	
오전	la mañana	라 마냐나

오징어튀김	calamares fritos	
	깔라마레스 프리또스	
오케스트라	la orquesta	라 오르께스따
오토매틱 차	el coche automático	
	엘 꼬체 아우또마띠꼬	
오페라	la ópera	라 오뻬라
오한	el escalofrío	
	엘 에스깔로프리오	
오후	la tarde	라 따르데
온수	el agua caliente	
	엘 아구아 깔리엔떼	
올림픽	la olimpiada	라 올림삐아다
옷	la ropa	라 로빠
와인	el vino	엘 비노
완구점	la juguetería	라 후게떼리아
왕궁	el palacio real	엘 빨라씨오 레알
왕복	ida y vuelta	이다 이 부엘따
왕복표	el billete de ida y vuelta	
	엘 빌예떼 데 이다 이 부엘따	
외과의사	el cirujano	엘 씨루하노
외국인	el extranjero	엘 에스뜨랑헤로
외투	el abrigo	엘 아브리고
왼쪽으로	a la izquierda	
	알 라 이스끼에르다	
요구르트	el yogur	엘 요구르
요금	la tarifa	라 따리파
요리	el plato	엘 쁠라또

요리하다	cocinar	꼬씨나르
용서하다	perdonar	뻬르도나르
우두머리	el jefe	엘 헤페
우리들	nosotros	노스뜨로스
우비	el impermeable	
	엘 임뻬르메아블레	
우산	el paraguas	엘 빠라구아스
우유	la leche	라 레체
우체국	la oficina de correos	
	라 오피씨나 데 꼬레오스	
우체통	el buzón	엘 부쏜
우표	el sello	엘 셀요
우회전하다	doblar a la derecha	
	도블라르 아 라 데레차	
운동화	las zapatillas	라스 싸빠띠야스
운송	el transporte	엘 뜨란스뽀르떼
운임	la tarifa	라 따리파
운전면허증	el permiso de conducir	
	엘 뻬르미소 데 꼰두씨르	
운전사	el conductor	엘 꼰둑또르
월요일	el lunes	엘 루네스
웨이터	el camarero	엘 까마레로
위	el estómago	엘 에스또마고
위스키	el whisky	엘 위스끼
유리	el cristal	엘 끄리스딸
유적	las luinas	라스 루이나스
유행	la moda	라 모다

은행	el banco	엘 방꼬
음료수	el refresco	엘 레프레스꼬
음식	la comida	라 꼬미다
음악	la música	라 무시까
음악회	el concierto	엘 꼰씨에르또
의류	la prenda	라 쁘렌다
의무실	la enfermería	라 엔페르메리아
의사	el médico	엘 메디꼬
의자	la silla	라 씰야
이	el diente	엘 디엔떼
이것	esto	에스또
이념	la idea	라 이데아
이륙	el despegue	엘 데스뻬게
이륙하다	despegar	데스뻬가르
이름	el nombre	엘 놈브레
이발	el corte de pelo	엘 꼬르떼 데 뻴로
이발사	peluquero	뻴루께로
이야기	el cuento	엘 꾸엔또
이유	la razón	라 라쏜
이자	el interés	엘 인떼레스
이탈리아 사람	el italiano	엘 이딸리아노
이탈리아의	italiano	이딸리아노
이혼남	el divorciado	엘 디보르씨아도
이혼녀	la divorciada	엘 디보르씨아다
인사하다	saludar	살루다르
인출하다	retirar	레띠라르
인터뷰	la entrevista	라 엔뜨레비스따

인형	la muñeca	라 뮤네까
일반적인	general	헤네랄
일방통행	la dirección única	
	라 디렉씨온 우니까	
일본의	japonés	하뽀네스
일상의	cotidiano	꼬띠디아노
일어나다	levantarse	레반따르세
일요일	el domingo	엘 도밍고
일으키다	levantar	레반따르
일하다	trabajar	뜨라바하르
읽다	leer	레에르
잃다	perder	뻬르데르
임대(료)	el alquiler	엘 알낄레르
임대하다	alquilar	알낄라르
입	la boca	라 보까
입구	la entrada	라 엔뜨라다
입국	la inmigración	라 인미그라씨온
입국카드	la tarjeta de entrada	
	라 따르헤따 데 엔뜨라다	
입장권	el boleto	엘 볼레또
입장료	la entrada	라 엔뜨라다

ㅈ

자동의	automático	아우또마띠꼬
자동차	el coche	엘 꼬체
자르다	cortar	꼬르따르
자매	la hermana	라 에르마나
자유로운	libre	리브레
자전거	la bicicleta	라 비씨끌레따
작가	el autor	엘 아우또르
작동하다	funcionar	푼씨오나르
작은	pequeño	뻬꼐뇨
작은 가방	el maletín	엘 말레띤
작은 방	la cabina	라 까비나
작품	la obra	라 오브라
잔돈	el suelto	엘 수엘또
잘생긴	guapo	구아뽀
잠을 깨우다	despertar	데스뻬르따르
잠자다	dormir	도르미르
잡다	coger	꼬헤르
잡지	la revista	라 레비스따
장갑	los guantes	로스 구안떼스
장난감	el juguete	엘 후게떼
장미	la rosa	라 로사
장소	el lugar	엘 루가르
장점	el mérito	엘 메리또
재다	medir	메디르

재떨이	el cenicero	엘 쎄니세로
재발행	expedición de nuevo	
	에스뻬디씨온 데 누에보	
재킷	la chaqueta	라 차께따
재확인하다	reconfirmar	레꼰피르마르
잼	la mermelada	라 메르멜라다
저것	aquello	아 껠요
저녁 식사	la cena	라 쎄나
적절한	apropiado	아쁘로삐아도
전기기사	electricista	엘렉뜨리시스따
전등	la lámpara	라 람빠라
전시장	la exposición	라 에스뽀시씨온
전쟁	la guerra	라 게라
전화	el teléfono	엘 뗄레포노
전화번호	el número de teléfono	
	엘 누메로 데 뗄레포노	
전화번호부	la guía telefónica	
	라 기아 뗄레포니까	
전화카드	la tarjeta telefónica	
	라 따르헤따 뗄레포니까	
절반	la mitad	라 미땃
젊은	joven	호벤
점심 식사	el almuerzo	엘 알무에르쏘
정류장	la parada	라 빠라다
정비	la revisión	라 레비씨온
정오	el mediodía	엘 메디오디아
정원	el jardín	엘 하르딘

정제	la pastilla	라 빠스띨야
정지하다	parar	빠라르
정확한	exacto	엑삭또
제공하다	ofrecer	오프레쎄르
조각	la escultura	라 에스꿀뚜라
조건	la condición	라 꼰디씨온
조끼	el chaleco	엘 찰레꼬
조용한	tranquilo	뜨랑낄로
조카	sobrino	소브리노
존재하다	existir	엑씨스띠르
좁은	estrecho	에스뜨레초
종	la campana	라 깜빠나
종업원	el dependiente	엘 데뻰디엔떼
좋은	bueno	부에노
좌석	el asiento	엘 아씨엔또
좌회전하다	doblar a la izquierda	
	도블라르 아 라 이쓰끼에르다	
주다	dar	다르
주머니	la bolsa	라 볼사
주사	la inyección	라 인옉씨온
주소	la dirección	라 디렉씨온
주스	el zumo	엘 쑤모
주유소	la gasolinera	라 가솔리네라
주의	el cuidado	엘 꾸이다도
주의하다	cuidar	꾸이다르
주차장	el aparcamiento	
	엘 아빠르까미엔또	

주차하다	aparcar	아빠르까르
죽다	morir	모리르
준비하다	preparar	쁘레빠라르
줄	la cola	라 꼴라
중간	el medio	엘 메디오
중단시키다	interrumpir	인떼르룸삐르
중심지	el centro	엘 센뜨로
즉시	enseguida	엔세기다
즐거운	agradable	아그라다블레
즐기다	divertirse	디베르띠르세
증명서	la tarjeta	라 따르헤따
증인	testigo	떼스띠고
지갑	la cartera	라 까르떼라
	la bolsa	라 볼사
지금	ahora	아오라
지나가다	pasar	빠사르
지나친	demasiado	데마씨아도
지도	el mapa	엘 마빠
	el plan	엘 쁠란
지배인	el gerente	엘 헤렌떼
지불하다	pagar	빠가르
지속하다	durar	두라르
지식	el conocimiento	엘 꼬노씨미엔또
지역	la región	라 레히온
	la zona	라 쏘나
지역번호	el prefijo territorial	
	엘 쁘레피호 떼리또리알	

지연	el retraso	엘 레뜨라쏘
지폐	el billete	엘 빌예떼
지하철	el metro	엘 메뜨로
지하철역	la estación del metro	
	라 에스따씨온 델 메뜨로	
지휘자	el director	엘 디렉또르
직업	la ocupación	라 오꾸빠씨온
직행열차	el tren directo	엘 뜨렌 디렉또
진료	la consulta	라 꼰술따
진료실	el consultorio	엘 꼰술또리오
진정제	el calmante	엘 깔만떼
질문	la pregunta	라 쁘레군따
질문하다	preguntar	쁘레군따르
집	la casa	라 까사
짝	el par	엘 빠르
짧은	corto	꼬르또

ㅊ

차	el té	엘 떼
차가운	frío	프리오
차고	el garaje	엘 가라헤
차례	el turno	엘 뚜르노
착륙	el aterrizaje	엘 아떼리싸헤
착륙하다	aterrizar	아떼리싸르
찬물	el agua fría	엘 아구아 프리아

참가하다	participar	빠르띠씨빠르
참다	aguantar	아구안따르
참치	el atún	엘 아뚠
챔피언	el campeón	엘 깜뻬온
창구	la ventanilla	라 벤따닐야
창문	la ventana	라 벤따나
찾다	buscar	부스까르
채우다	llenar	예나르
책	el libro	엘 리브로
책임자	el responsable	엘 레스뽄사블레
처방	la receta	라 레쎄따
천사	el ángel	엘 앙헬
천식	el asma	엘 아스마
첫째의	primero	쁘리메로
청소하다	limpiar	림삐아르
체온	la temperatura del cuerpo 라 뗌뻬라뚜라 델 꾸에르뽀	
초과	el exceso	엘 에쎄소
초과수하물	exceso de equipaje 에쎄소 데 에끼빠헤	
초대하다	invitar	인비따르
초록색의	azul	아쑬
초상화	el retrato	엘 레뜨라또
초점	el foco	엘 포꼬
초콜릿	el chocolate	엘 초꼴라떼

266

촬영금지	no filmar	노 필마르
	prohibido hacer fotos	
	쁘로이비도 아쎄르 포또스	
최대의	máximo	막시모
최소의	mínimo	미니모
최신 유행의	de última moda	데 울띠마 모다
추가비용	el suplemento	엘 수쁠레멘또
추위	el frío	엘 프리오
추천하다	recomendar	레꼬멘다르
추한	feo	페오
축구	el fútbol	엘 풋볼
축구선수	futbolista	풋볼리스따
축제	la fiesta	라 피에스따
축하하다	felicitar	펠리씨따르
출구	la salida	라 살리다
출국	la emigración	라 에미그라씨온
출발	la salida	라 살리다
출발시간	la hora de salida	라 오라 데 살리다
출발하다	salir	살리르
	partir	빠르띠르
출입금지	no pasar	노 빠사르
춤	el baile	엘 바일레
춤추다	bailar	바일라르
충고하다	aconsejar	아꼰세하르
충분한	bastante	바스딴떼
치과의사	el dentista	엘 덴띠스따
치마	la falda	라 팔다

치수	la medida	라 메디다
치약	la pasta de dientes	
	라 빠스따 데 디엔떼스	
치우다	quitar	끼따르
치즈	el queso	엘 께소
친구	el amigo	엘 아미고
친절한	amable	아마블레
침대	la cama	라 까마
침대차	el coche cama	엘 꼬체 까마
침실	el dormitorio	엘 도르미또리오
칫솔	el cepillo de dientes	
	엘 쎄삐요 데 디엔떼스	

ㅋ

카드	la tarjeta	라 따르헤따
카메라	la cámara	라 까마라
카운터	el mostrador	엘 모스뜨라도르
카지노	el casino	엘 카지노
카펫	la alfombra	라 알폼브라
컷하다	cortar	꼬르따르
커튼	la cortina	라 꼬르띠나
커피(숍)	el café	엘 까페
컬러필름	un rollo de color	운 롤요 데 꼴로르
컴퓨터	el ordenador	엘 오르데나도르
컵	el vaso	엘 바소

케이크	el pastel	엘 빠스뗄
켜다	encender	엔센데르
코끼리	el elefante	엘 엘레판떼
코너	la esquina	라 에스끼나
코트	el abrigo	엘 아브리고
콘서트	el concierto	엘 꼰씨에르또
콩소메	el consomé	엘 꼰소메
콜렉트 콜	llamada a cobro revertido	
	야마다 아 꼬브로 레베르띠도	
콩쿠르	el concurso	엘 꼰꾸르소
크기	el tamaño	엘 따마뇨
크리스마스	la navidad	라 나비닷
크림	la crema	라 끄레마
큰	grande	그란데
키스	el beso	엘 베쏘
킬로미터	kilómetro	낄로메뜨로

E

타다	subir	수비르
타월	la toalla	라 또아야
타이어	el neumático	엘 네우마띠꼬
탁상시계	el reloj de mesa	엘 렐로흐 데 메사
탁자	la mesa	라 메사
탑	la torre	라 또레
탑승	el embarque	엘 엠바르께

탑승구	la puerta de embarque	
	라 뿌에르따 데 엠바르께	
탑승권	la tarjeta de embarque	
	라 따르헤따 데 엠바르께	
탑승대기실	sala de espera	살라 데 에스뻬라
탑승하다	embarcar	엠바르까르
태양	el sol	엘 솔
태어나다	nacer	나세르
택시	el taxi	엘 딱시
택시 미터기	el taxímetro	엘 딱시메뜨로
택시 운전기사	taxista	딱시스따
탱고	el tango	엘 땅고
터미널	la terminal	라 떼르미날
테니스	el tenis	엘 떼니스
테니스화	las zapatillas de tenis	
	라스 싸빠띠야스 데 떼니스	
테라스	la terraza	라 떼라싸
테이블	la mesa	라 메사
텔레비전	la televisión	라 뗄레비씨온
토스트	la tostada	라 또스따다
토요일	el sábado	엘 싸바도
통과	el paso	엘 빠소
통과하다	pasar	빠사르
통로	el pasillo	엘 빠실요
통역	la interpretación	
	라 인떼르쁘레따씨온	
통역관	el intérprete	엘 인떼르쁘레떼

투우사	el torero	엘 또레로
투우장	la plaza de toros	
	라 쁠라싸 데 또로스	
트렁크	el maletero	엘 말레떼로
트윈 룸	la habitación con dos camas	
	라 아비따씨온 꼰 도스 까마스	
특급열차	el tren rápido	엘 뜨렌 라삐도
특별한	especial	에스뻬씨알
티켓	el billete	엘 빌예떼
	el boleto	엘 볼레또
팀	el equipo	엘 에끼뽀
	el partido	엘 빠르띠도
팁	la propina	라 쁘로뻬나

ㅍ

파마	la permanente	라 뻬르마넨떼
파업	la huelga	라 우엘가
파이프	la pipa	라 삐빠
파일럿	el piloto	엘 삘로또
파자마	el pijama	엘 삐하마
파티	la fiesta	라 피에스따
판매	la venta	라 벤따
판매자	el vendedor	엘 벤데도르
팔다	vender	벤데르
팔찌	la pulsera	라 뿔세라

팜플렛	el folleto	엘 폴예또
펑크	el pinchazo	엘 삔차쏘
펜	pluma	라 쁠루마
편도	la ida	라 이다
편도승차권	el billete de ida	엘 빌예떼 데 이다
편안한	cómodo	꼬모도
편지	la carta	라 까르따
평화	la paz	라 빠스
폐	el pumón	엘 뿔몬
폐관시간	la hora de cierre	라 오라 데 씨에레
폐렴	la pulmonía	라 뿔모니아
포도	la uva	라 우바
포도주	el vino	엘 비노
포크	el tenedor	엘 떼네도르
표	el billete	엘 빌예떼
표시하다	marcar	마르까르
표현	la expresión	라 에스쁘레씨온
푸딩	el flan	엘 플란
푸른	verde	베르데
품질	la calidad	라 깔리닷
풍경	el paisaje	엘 빠이사헤
프로그램	el programa	엘 쁘로그라마
프론트	la recepción	라 레셉씨온
프론트직원	el recepcionista	
	엘 레셉씨오니스따	
플라멩코	el flamenco	엘 플라멩꼬
플래시	flash	플라시

플랫폼	el andén	엘 안덴
플러그	el enchufe	엘 엔추페
피	la sangre	라 상그레
피곤한	cansado	깐사도
피곤해지다	cansarse	깐사르세
피아노	el piano	엘 삐아노
피아니스트	pianista	피아니스따
피자	la pizza	라 삐싸
필름	la película	라 뻴리꿀라
필요한	necesario	네세싸리오

ㅎ

하늘	el cielo	엘 씨엘로
하단침대	cama de abajo	까마 데 아바호
하물	el equipaje	엘 에끼빠헤
학교	el colegio	엘 꼴레히오
	la escuela	라 에스꾸엘라
학생	el estudiante	엘 에스뚜디안떼
한국	Corea	꼬레아
한국 사람	el coreano	엘 꼬레아노
한국어	el coreano	엘 꼬레아노
한국영사관	el Consulado de Corea	
	엘 꼰술라도 데 꼬레아	
한국 음식	la comida coreana	
	라 꼬미다 꼬레아나	

할머니	la abuela	라 아부엘라
할아버지	el abuelo	엘 아부엘로
할인	el descuento	엘 데스꾸엔또
합성피혁	la piel sintética	라 삐엘 신떼띠까
핫도그	perro caliente	뻬로 깔리엔떼
항공엽서	el aerograma	엘 아에로그라마
항공편	por avión	뽀르 아비온
항공회사	la compañía aérea	
	라 꼼빠니아 아에레아	
항구	el puerto	엘 뿌에르또
항생제	el antibiótico	엘 안띠비오띠꼬
해가 지다	atardecer	아따르데세르
해변	la playa	라 쁠라야
해석하다	interpretar	인떼르쁘레따르
해열제	la antifebrina	라 안띠페브리나
핸드백	el bolso	엘 볼소
햄	el jamón	엘 하몬
햄버거	la hamburguesa	라 암부르게싸
햄버거 가게	la hamburguesería	
	라 암부르게쎄리아	
행복한	feliz	펠리스
행운	la suerte	라 수에르떼
향수	el perfume	엘 뻬르푸메
허락하다	permitir	뻬르미띠르
헤어드라이어	el secadora	엘 세까도라
헤어로션	la loción de pelo	라 로씨온 데 뻴로
헤어 스프레이	la laca	라까

현금	el efectivo	엘 에펙띠보
현상	la revelación	라 레벨라씨온
혈압	la presión arterial	
	라 쁘레씨온 아르떼리알	
	presión arterial	
	쁘레씨온 아르떼리알	
혈액형	el tipo sanguíneo	엘 띠뽀 상기네오
형제	hermano	에르마노
형태	la forma	라 포르마
호수	el lago	엘 라고
호텔	el hotel	엘 오뗄
홀아비	el viudo	엘 비우도
홀어미	la viuda	라 비우다
홍차	el té	엘 떼
화가	el pintor	엘 삔또르
화나게 하다	enfadar	엔파다르
화요일	el martes	엘 마르떼스
화장실	el baño	엘 바뇨
화장실 휴지	el papel higiénico	
	엘 빠뻴 이히에니꼬	
화장품	cosméticos	꼬스메띠꼬스
화장하다	maquillar	마낄야르
화폐	la moneda	라 모네다
확실한	cierto	씨에르또
	seguro	세구로
확인하다	confirmar	꼰피르마르
환경	el ambiente	엘 암비엔떼

환승	el trasnsbordo	엘 뜨란스보르도
환율	el tipo de cambio	엘 띠뽀 데 깜비오
환전소	la casa de cambio	라 까사 데 깜비오
활동적인	activo	악띠보
회사	la compañía	라 꼼빠니아
	la empresa	라 엠쁘레사
횡단하다	cruzar	끄루싸르
후식	el postre	엘 뽀스뜨레
후추	la pimienta	라 삐미엔따
후회하다	arrepentirse	아레뻰 띠르세
훔치다	robar	로바르
휘발유	la gasolina	라 가솔리나
휴가	las vacaciones	
	라스 바까씨오네스	
휴식하다	descansar	데스깐사르
흐린	nublado	누블라도
흥미 있는	interesante	인떼레산떼
희망	la esperanza	라 에스뻬란사
흰색의	blanco	블랑꼬
힘	la fuerza	라 푸에르싸

가림출판사 · 가림M&B · 가림Let's 에서 나온 책들

문 학

바늘구멍
켄 폴리트 지음 / 홍영의 옮김

미국 추리작가 협회의 최우수 장편상을 받은 초유의 베스트 셀러로 전쟁을 통한 두 뇌싸움을 치밀하고 밀도 있게 그려낸 추리 소설. 신국판 / 342쪽 / 5,300원

레베카의 열쇠
켄 폴리트 지음 / 손연숙 옮김

최고의 모험, 폭력, 음모 그리고 미국적인 열정 속에 담긴 두 남녀의 사랑이야기를 독자들의 상상을 뒤엎는 확실한 긴장감으로 마지막까지 흥미진진한 켄 폴리트의 장편 추리소설. 신국판 / 492쪽 / 6,800원

암병선
니시무라 쥬코 지음 / 홍영의 옮김

암병선을 무대로 인간생명의 존엄성을 지키기 위해 불의와 맞서는 시라도리 선장의 꿋꿋한 의지와 애절한 암환자들의 심리가 생생하게 묘사된 근래 보기드문 걸작.
신국판 / 300쪽 / 4,800원

첫키스한 얘기 말해도 될까
김정미 외 7명 지음

이 시대의 젊은 작가 8명이 가슴속 깊이 간직했던 나만의 소중한 이야기를 살짝 털어놓은 상큼한 비밀 이야기.
신국판 / 228쪽 / 4,000원

사미인곡 上·中·下
김충호 지음

파란만장한 일생을 보낸 정철의 생애를 통해 난세를 살아가는 우리에게 삶의 지혜와 기쁨을 선사하는 대하 역사 소설.
신국판 / 각 권 5,000원

박수완 스님 지음

앞만 보고 살아가는 우리에게 자신을 뒤돌아볼 수 있는 여유를 갖게 해주는 승려시인의 가슴을 울리는 주옥 같은 시집.
국판변형 / 132쪽 / 3,000원

너는 왜 나에게 다가와야 했는지
김충호 지음

세상에 대한 사랑의 아픔, 그리움, 영혼에 대한 고뇌를 달래야 했던 시인이 살아 있는 영혼을 지닌 이들에게 전하는 사랑의 메시지. 국판변형 / 124쪽 / 3,000원

세계의 명언
편집부 엮음

위인이나 유명인들의 글, 연설문 혹은 각 나라에서 전해져 오는 속담을 통하여 지난날을 되새겨보는 백과전서로서, 오늘을 반성하는 교과서로서, 그리고 미래를 설계하는 참고서로서 역할을 해줄 것이다.

신국판 / 322쪽 / 5,000원

여자가 알아야 할 101가지 지혜
제인 아서 엮음 / 지창국 옮김

남녀가 함께 살면서 경험으로 터득한 의미 심장하면서도 재미있는 조언들을 발췌한 내용으로 독신의 삶을 청산하려는 이들이 알아야 할 유용하고 상상력 풍부한 힌트로 가득찬 감동의 메시지이다.
4×6판 / 132쪽 / 5,000원

현명한 사람이 읽는 지혜로운 이야기
이정민 엮음

현대를 살아가는 우리들에게 삶의 가치를 부여해주고 자기 성찰의 기회를 갖게 해준다. 신국판 / 236쪽 / 6,500원

성공적인 표정이 당신을 바꾼다
마츠오 도오루 지음 / 홍영의 옮김

자신뿐만 아니라 주위 사람들의 마이너스 사고를 플러스 사고로 바꾸어서 사람의 마

음을 움직이며, 그리고 사람의 마음에 남는 최고의 웃는 얼굴을 만드는 비법 총망라! 신국판 / 240쪽 / 7,500원

태양의 법
오오카와 류우호오 지음 / 민병수 옮김

불법 진리 사상의 윤곽과 그 목적 · 사명을 명백히 함으로써 한사람 한사람의 인간이 깨달음을 추구하고 영적으로 깨우치기 위한 명확한 방향을 제시하였다.

신국판 / 246쪽 / 8,500원

영원의 법
오오카와 류우호오 지음 / 민병수 옮김

일찍이 설해졌던 적도 없고 앞으로도 설해지지 않을 구원의 진리를 한 권의 책에 이론적 형태로 응축한 기본 삼법의 완결편.

신국판 / 240쪽 / 8,000원

석가의 본심
오오카와 류우호오 지음 / 민병수 옮김

석가모니의 사고방식을 현대인들에 맞게 써 현대인들이 친근하게 석가모니에게 다가설 수 있게 한 불교 가이드서.

신국판 / 246쪽 / 10,000원

옛 사람들의 재치와 웃음
강형중 · 김경익 편저

옛 사람들의 재치와 해학을 통해 한문의 묘미를 터득하고 한자를 재미있게 배우며 유머감각까지 높일 수 있는 일석삼조의 효과 만점. 신국판 / 316쪽 / 8,000원

지혜의 샘터
쇼펜하우어 지음 / 김충호 엮음

쇼펜하우어의 철학체계를 통하여 풍요로운 삶의 지혜를 얻고 기쁨을 얻을 수 있도록 꾸며 놓은 철학이야기.
4×6판 양장본 / 160쪽 / 4,300원

헤세가 너에게
헤르만 헤세 지음 / 홍영의 엮음

순수한 애정과 자유를 갈구하는 헤세의 아름다운 세상을 통한 깨끗한 정신세계를 공유할 수 있는 기회를 제공.
4×6판 양장본 / 144쪽 / 4,500원

사랑보다 소중한 삶의 의미
크리슈나무르티 지음 / 최윤영 엮음

금세기 최고의 사상가이자 철학자인 크리슈나무르티가 인간의 정신적 사고의 구조와 본질을 규명하여 인간의 삶에 대한 가장 완벽한 해답을 제시.

신국판 / 180쪽 / 4,000원

장자-어찌하여 알 속에 털이 있다 하는가
홍영의 엮음

동양 사상의 저변에 흐르고 있는 자연에의 경외감을 유감없이 표현한 장자를 통하여 인간 본연의 자세로 돌아가 나를 돌아보는 계기를 만들어 주는 책.

4×6판 / 180쪽 / 4,000원

논어-배우고 때로 익히면 즐겁지 아니한가
신도희 엮음

인간에게 필요불가결한 윤리와 도덕생활의 교훈들을 평이한 문제로 광범위하게 집약한 논어의 모든 것!!
4×6판 / 180쪽 / 4,000원

맹자-가까이 있는데 어찌 먼 데서 구하려 하는가
홍영의 엮음

반성과 자책을 통해 잃어버린 양심을 수습하고 선으로 복귀할 것을 천명하는 맹자 사상의 집대성!! 4×6판 / 180쪽 / 4,000원

아름다운 세상을 만드는 사랑의 메시지 365
DuMont monte Verlag 엮음 / 정성호 옮김

독일에서 출간 이후 1백만 권 이상 판매된 베스트셀러. 특별히 소중한 사람을 행복하게 만드는 독창적인 사랑고백법 365가지를 수록한 마음이 따뜻해지는 책.

4×6판 변형 양장본 / 240쪽 / 8,000원

황금의 법
오오카와 류우호오 지음 / 민병수 옮김

불법진리의 연구 및 공부를 통하여 종교적 깨달음의 깊이를 더해 주는 불서.

신국판 / 320쪽 / 12,000원

왜 여자는 바람을 피우는가?
기젤라 룬테 지음 / 김현성 · 진정미 옮김

각계 각층의 여자들과의 인터뷰를 바탕으로 하여 여자들이 바람 피우는 이유를 진솔하게 해부한 여성 탐구서.

국판 / 200쪽 / 7,000원

건 강

식초건강요법
건강식품연구회 엮음 / 신재용(해성한의원 원장) 감수

가장 쉽게 구할 수 있고 경제적인 식품이 면서 상상할 수 없을 정도로 뛰어난 약효를 지닌 식초의 모든 것을 담은 건강지침서! 신국판 / 224쪽 / 6,000원

아름다운 피부미용법
이순희(한독피부미용학원 원장) 지음

피부조직에 대한 기초 이론과 우리 몸의 생리를 알려줌으로써 아름다운 피부, 젊은 피부를 오래 유지할 수 있는 비결 제시!

신국판 / 296쪽 / 6,000원

버섯건강요법
김병각 외 6명 지음

종양 억제율 100%에 가까운 96.7%를 나타내는 기적의 약용버섯 등 신비의 버섯을 통하여 암을 치료하고 비만, 당뇨, 고혈압, 동맥경화 등 각종 성인병 예방을 위한 생활 건강 지침서! 신국판 / 286쪽 / 8,000원

성인병과 암을 정복하는 유기게르마늄
이상현 편저 / 캬오 샤오이 감수

최근 들어 각광을 받고 있는 새로운 치료제인 유기게르마늄을 통한 성인병, 각종 암의 치료에 대해 상세히 소개.
신국판 / 312쪽 / 9,000원

난치성 피부병
생약효소연구원 지음

현대의학으로도 치유불가능했던 난치성 피부병인 건선·아토피(태열)의 완치요법이 수록된 건강 지침서.
신국판 / 232쪽 / 7,500원

新 방약합편
정도명 편역

자신의 병을 알고 증세에 맞춰 스스로 처방을 할 수 있고 조제할 수 있는 보약 506가지 수록. 신국판 / 416쪽 / 15,000원

자연치료의학
오흥근(신경정신과 의학박사·자연의학박사) 지음

자연산물을 이용하여 부작용 없이 치료하는 건강 생활 비법 공개!!

신국판 / 472쪽 / 15,000원

약초의 활용과 가정한방
이인성 지음

주변의 흔한 식물과 약초를 활용하여 각종 질병을 간편하게 예방·치료할 수 있는 비법제시. 신국판 / 384쪽 / 8,500원

역전의학
이시하라 유미 지음 / 유태종 감수

일반상식으로 알고 있는 건강상식에 대해 전혀 새로운 관점에서 비판하고 아울러 새로운 방법들을 제시한 건강 혁명 서적!!
신국판 / 286쪽 / 8,500원

이순희식 순수피부미용법
이순희(한독피부미용학원 원장) 지음

자신의 피부에 맞는 관리법으로 스스로 피부관리를 할 수 있는 방법을 제시하고 책속 부록으로 천연재료 사전과 피부 타입별 팩 고르기. 신국판 / 304쪽 / 7,000원

21세기 당뇨병 예방과 치료법
이현철(연세대 의대 내과 교수) 지음

세계 최초 유전자 치료법을 개발한 저자가 당뇨병과 대항하여 가장 확실하게 이길 수 있는 당뇨병에 대한 올바른 이론과 발병시 대처 방법을 상세히 수록!
신국판 / 360쪽 / 9,500원

신재용의 민의학 동의보감
신재용(해성한의원 원장) 지음

주변의 흔한 먹거리를 이용하여 신비의 명약이나 보약으로 활용할 수 있는 건강 지침서로서 저자가 TV나 라디오에서 다 밝히지 못한 한방 및 민간요법까지 상세히 수록!! 신국판 / 476쪽 / 10,000원

치매 알면 치매 이긴다
배오성(백상한방병원 원장) 지음

B.O.S.요법으로 뇌세포의 기능을 활성화시키고 엔돌핀의 분비효과를 극대화시켜 증상에 맞는 한약 처방을 병행하여 치매를 치유하는 획기적인 치유법 제시.
신국판 / 312쪽 / 10,000원

21세기 건강혁명 밥상 위의 보약 생식
최경순 지음

항암식품으로, 다이어트식으로, 젊고 탄력적인 피부를 유지할 수 있게 해주는 자연식으로의 생식을 소개하여 현대인들의 건강 길라잡이가 되도록 하였다.

신국판 / 348쪽 / 9,800원

기치유와 기공수련
윤한홍(기치유 연구회 회장) 지음

누구나 노력만 하면 개발할 수 있고 활용할 수 있는 기 수련 방법과 기치유 개발 방법 소개. 신국판 / 340쪽 / 12,000원

만병의 근원 스트레스 원인과 퇴치
김지혁(김지혁한의원 원장) 지음

만병의 근원인 스트레스를 속속들이 파헤치고 예방법까지 속시원하게 제시!!

신국판 / 324쪽 / 9,500원

김종성 박사의 뇌졸중 119
김종성 지음

우리나라 사망원인 1위. 뇌졸중 분야의 최고 권위자인 저자가 일상생활에서의 건강관리부터 환자간호에 이르기까지 뇌졸중의 예방, 치료법 등 모든 것 수록.

신국판 / 356쪽 / 12,000원

탈모 예방과 모발 클리닉
장정훈 · 전재홍 지음

미용적인 측면과 우리가 일상적으로 고민하고 궁금해 하는 털에 관한 내용들을 다양하고 재미있는 예들을 들어가면서 흥미롭게 풀어간 것이 이 책의 특징.

신국판 / 252쪽 / 8,000원

구태규의 100% 성공 다이어트
구태규 지음

하이틴 영화배우의 다이어트 체험서. 건강하게 날씬해지고 싶은 사람들을 위한 필독서! 4×6배판 변형 / 240쪽 / 9,900원

암 예방과 치료법
이춘기 지음

암환자와 가족들을 위해서 암의 치료방법에서부터 합병증의 예방 및 암이 생기기 전에 알 수 있는 방법에 이르기까지 상세하게 해설해 놓은 책.

신국판 / 296쪽 / 11,000원

알기 쉬운 위장병 예방과 치료법
민영일 지음

소화기관인 위와 관련 기관들의 여러 질환을 발병 원인, 증상, 치료법을 중심으로 알기 쉽게 해설해 놓은 건강서.

신국판 / 328쪽 / 9,900원

이온 체내혁명
노보루 야마노이 지음 / 김병관 옮김

새로운 건강관리 이론으로 주목을 받고 있는 음이온을 통해 건강을 돌볼 수 있는 방법 제시. 신국판 / 272쪽 / 9,500원

어혈과 사혈요법
정지천 지음

침과 부항요법 등을 사용하여 모든 질병을 다스릴 수 방법과 우리 주변에서 흔하게 접할 수 있는 각 질병의 상황별 처치를 혈자리 그림과 함께 해설.

신국판 / 308쪽 / 12,000원

약손 경락마사지로 건강미인 만들기
고정환 지음

경락과 민족 고유의 정신 약손을 결합시킨 약손 성형경락 마사지로 수술하지 않고도 자신이 원하는 부위를 고치는 방법을 제시하는 건강 미용서.

4×6배판 변형 / 284쪽 / 15,000원

정유정의 LOVE DIET
정유정 지음

널리 알려진 온갖 다이어트 방법으로 살을 빼려고 노력했던 저자의 고통스러웠던 다이어트 체험담이 실려 있어 지금 살 때문에 고민하는 사람들이 가슴에 와 닿는 나만의 다이어트 계획을 나름대로 세울 수 있을 것이다.

4×6배판 변형 / 196쪽 / 10,500원

머리에서 발끝까지 예뻐지는 부분다이어트
신상만 · 김선민 지음

한약을 먹거나 침을 맞아 살을 빼는 방법, 아로마요법을 이용한 다이어트법, 운동을 이용한 부분비만 해소법 등이 실려 있으므로 나에게 맞는 방법을 선택해 날씬하고 예쁜 몸매를 만들 수 있을 것이다.

4×6배판 변형 / 196쪽 / 11,000원

알기 쉬운 심장병 119
박승정 지음

서울아산병원 심장 내과에 있는 저자가 심장병에 관해 심장질환이 생기는 원인, 증상, 치료법을 중심으로 내용을 상세하게

해설해 놓은 건강서.
신국판 / 248쪽 / 9,000원

알기 쉬운 고혈압 119
이정균 지음

생활 속의 고혈압에 관해 일반인들이 관심을 가지고 예방할 수 있도록 고혈압의 원인, 증상, 합병증 등을 상세하게 해설해 놓은 건강서. 신국판 / 304쪽 / 10,000원

여성을 위한 부인과질환의 예방과 치료
차선희 지음

남들에게는 말할 수 없는 증상들로 고민하고 있는 여성들을 위해 부인암, 골다공증, 빈혈 등 부인과질환을 원인 및 치료방법을 중심으로 설명한 여성건강 정보서.
신국판 / 304쪽 / 10,000원

알기 쉬운 아토피 119
이승규 · 임승엽 · 김문호 · 안유일 지음

감기처럼 흔하지만 암만큼 무서운 아토피 피부염의 원인에서부터 증상, 치료방법, 임상사례, 민간요법을 적용한 환자들의 경험담 등 수록. 신국판 / 232쪽 / 9,500원

120세에 도전한다
이권행 지음

아프지 않고 건강하게 오래 살기를 바라는 현대인들에게 우리 체질에 맞는 식생활습관, 심신 활동, 생활습관, 체질별 · 나이별 양생법을 소개. 장수하고픈 독자들의 궁금증을 풀어줄 것이다.
신국판 / 308쪽 / 11,000원

건강과 아름다움을 만드는 요가
정라식 · 노진이 지음

책을 보고서 집에서 혼자서도 할 수 있는 요가법 수록. 각종 질병에 따른 요가 수정 체조법도 담았으며, 별책 부록으로 한눈에 보는 요가 차트 수록.
4×6배판 변형 / 224쪽 / 14,000원

우리 아이 건강하고 아름다운 롱다리 만들기
김성훈 지음

키 작은 우리 아이를 롱다리로 만드는 비법공개. 식사습관과 생활습관만의 변화로도 키를 크게 할 수 있으므로 키 작은 자녀를 둔 부모의 고민을 해결해 준다.
대국전판 / 236쪽 / 10,500원

알기 쉬운 허리디스크 예방과 치료
이종서 지음

전문가들의 의견, 허리병의 치료에서 가장 중요한 운동치료, 허리디스크와 요통에 관해 언론에서 잘못 소개한 기사나 과장 보도한 기사, 대상이 광범위함으로써 생기고 있는 사이비 의술 및 상업적인 의술을 시행하는 상업적인 병원 등을 소개함으로써 허리병을 앓고 있는 사람들에게 정확하고 올바른 지식을 전달하고자 하는 길라잡이서. 대국전판 / 336쪽 / 12,000원

소아과 전문의에게 듣는 알기 쉬운 소아과 119
신영규 · 이강우 · 최성항 지음

새내기 엄마, 아빠를 위해 올바른 육아법을 제시하고 각종 질병에 대한 치료법 및 예방법, 응급처치법을 소개.
4×6배판 변형 / 280쪽 / 14,000원

교 육

우리 교육의 창조적 백색혁명
원상기 지음

자라나는 새싹들이 기본적인 지식과 사고를 종합적 · 창조적으로 발전시켜 창조적인 사고능력을 배양할 수 있도록 한 교육지침서. 신국판 / 206쪽 / 6,000원

현대생활과 체육
조창남 외 5명 공저

각종 현대병의 원인과 예방 및 운동요법에 대한 이론과 요즘 각광받는 골프 · 스키 · 볼링 등의 레저스포츠 총망라한 생활체육 총서. 신국판 / 340쪽 / 10,000원

퍼펙트 MBA
IAE유학네트 지음

기존의 관련 도서들과는 달리 Top MBA로 가는 길을 상세하고 완벽하게 수록. 가장 완벽하고 충실한 최신 정보 제공.
신국판 / 400쪽 / 12,000원

유학길라잡이 ⅰ -미국편
IAE유학네트 지음

미국의 교육제도 및 유학을 가기 위해서 준비해야 할 절차, 미국 현지 생활 정보, 최신 비자정보 등을 한눈에 볼 수 있는 유학길잡이. 4×6배판 / 372쪽 / 13,900원

유학길라잡이 II - 4개국편
IAE유학네트 지음

영어권 국가인 영국·캐나다·호주·뉴질랜드의 현지 정보·교육제도 및 각 국가별 학교의 특화된 교육내용 완전 수록!!
4×6배판 / 348쪽 / 13,900원

조기유학길라잡이.com
IAE유학네트 지음

영어권으로 나이 어린 자녀를 유학보내기 위해 준비중인 학부모 및 준비생들이 반드시 읽어야할 필독서!!
영어권 나라의 교육제도 및 학교별 데이터를 완벽하게 수록하여 유학정보서의 질을 한 단계 상승시킨 결정판!!
4×6배판 / 428쪽 / 15,000원

현대인의 건강생활
박상호 외 5명 공저

현대인들의 건강한 삶을 위한 사회체육의 중요성을 강조. 건강과 체력 증진을 위한 기본상식, 노인과 건강 등 이론과 스쿼시·스키·윈드 서핑 등 레저스포츠 등의 실기편으로 이루어진 알찬 내용 수록.
4×6배판 / 268쪽 / 15,000원

천재아이로 키우는 두뇌훈련
나카마츠 요시로 지음 / 민병수 옮김

머리가 좋은 아이로 키우기 위한 환경 만들기, 식사, 운동 등 연령별 두뇌 훈련법 소개. 국판 / 288쪽 / 9,500원

두뇌혁명
나카마츠 요시로 지음 / 민병수 옮김

『뇌내혁명』하루야마 시게오의 추천작!!
어른들을 위한 두뇌 개발서로, 풍요로운 인생을 만들기 위한 '뇌'와 '몸' 자극법 제시. 4×6판 양장본 / 288쪽 / 12,000원

테마별 고사성어로 익히는 한자
김경익 지음

세글자, 네글자로 이루어진 고사성어를 통해 실용한자를 익히고 성어 속에 담긴 의미도 오늘에 맞게 재해석 해보는 한자 학습서. 4×6배판 변형 / 248쪽 / 9,800원

生생 공부비법
이은승 지음

국내 최초 수학과외 수출의 주인공 이은승이 개발한 자기만의 맞춤식 공부학습법 소개. 공부도 하는 법을 알면 목표를 달성할

수 있다고 용기를 북돋우어 주는 실전 공부 비법서. 대국전판 / 272쪽 / 9,500원

자녀를 성공시키는 습관만들기
배은경 지음

성공하는 자녀를 꿈꾸는 부모들이 알아야 할 자녀 교육법 소개. 부모는 자녀 인생의 주연이 아님을 알아야 하며 부모의 좋은 습관, 건전한 생각이 자녀의 성공 인생을 가져온다는 내용을 담은 부모 및 자녀 모두를 위한 자기 계발서.
대국전판 / 232쪽 / 9,500원

취미·실용

김진국과 같이 배우는 와인의 세계
김진국 지음

포도주 역사에서 분류, 원료 포도의 종류와 재배, 양조·숙성·저장, 시음법, 어울리는 요리와 와인의 유통과 소비, 와인 시장의 현황과 전망, 와인 판매 요령, 와인의 보관과 재고의 회전, '와인 양조 비밀의 모든 것'을 동영상으로 담은 CD까지, 와인의 모든 것이 담긴 종합학습서. 국배판 변형
양장본(올 컬러판) / 208쪽 / 30,000원

경제·경영

CEO가 될 수 있는 성공법칙 101가지
김승룡 편역

또 한 번의 경제위기를 겪고 있는 우리의 현실을 극복하고 일어설 수 있는 리더로서의 역할과 책임에 대한 명확한 해답을 제시해줄 것이다. 신국판 / 320쪽 / 9,500원

정보소프트
김승룡 지음

홍수처럼 쏟아지는 정보를 수집·분석하여 효과적으로 활용하는 방법을 총망라한 정보 전략 완벽 가이드!!
신국판 / 324쪽 / 6,000원

기획대사전
다카하시 겐코 지음 / 홍영의 옮김

기획에 관련된 모든 사항을 실례와 도표를 통하여 초보자에서 프로기획맨에 이르기까지 효율적으로 활용할 수 있도록 체계적으로 총망라한 안내서.
신국판 / 552쪽 / 19,500원

맨손창업 · 맞춤창업 BEST 74
양혜숙 지음

창업대행 현장 전문가가 추천하는 유망업종을 7가지 주제별로 나누어 수록한 맞춤창업으로 창업예비자들에게 창업의 길을 밝혀줄 발로 뛰면서 만든 실무 지침서!! 신국판 / 416쪽 / 12,000원

무자본, 무점포 창업! FAX 한 대면 성공한다
다카시로 고시 지음 / 홍영의 옮김

완벽한 FAX 활용법을 제시하여 가장 적은 자본으로 창업하려는 예비자들에게 큰 투자를 필요로 하지 않으면서 성공을 이끌어 주는 길라잡이가 되는 실무 지침서.
신국판 / 226쪽 / 7,500원

성공하는 기업의 인간경영
중소기업 노무 연구회 편저 / 홍영의 옮김

무한경쟁시대에서 각 기업들의 다양한 경영 실태 속에서 인사 · 노무 관리 개선에 있어서 기업의 효율을 높이고 발전을 이룰 수 있는 원칙을 제시.
신국판 / 368쪽 / 11,000원

21세기 IT가 세계를 지배한다
김광희 지음

21세기 화두로 떠오른 IT혁명의 경쟁력에 대해서 전문가의 논리적이고 철저한 해설과 더불어 매장 끝까지 실제 사례를 곁들여 설명. 신국판 / 380쪽 / 12,000원

경제기사로 부자아빠 만들기
김기태 · 신현태 · 박근수 공저

날마다 배달되는 경제기사를 꼼꼼히 챙겨 보는 사람만이 현대생활에서 부자가 될 수 있다. 언론인의 현장감각과 학자의 전문성을 접목시킨 것이 이 책의 특성! 누구나 이 책을 읽고 경제원리를 체득, 경제예측을 할 수 있게 준비한 생활경제서적.
신국판 / 388쪽 / 12,000원

포스트 PC의 주역 정보가전과 무선인터넷
김광희 지음

포스트 PC의 주역으로 급부상하고 있는 정보가전과 무선인터넷 그리고 이를 구현하기 위한 관련 테크놀러지를 체계적으로 소개. 신국판 / 356쪽 / 12,000원

성공하는 사람들의 마케팅 바이블
채수명 지음

최근의 이론을 보완하여 내놓은 마케팅 관련 실무서. 마케팅의 정보전략, 핵심요소, 컨설팅실무까지 저자의 노하우와 창의적인 이론이 결합된 마케팅서.
신국판 / 328쪽 / 12,000원

느린 비즈니스로 돌아가라
사카모토 게이이치 지음 / 정성호 옮김

미국식 스피드 경영에 익숙해져 현실의 오류를 간과하고 있는 사람들을 위한 어떻게 팔 것인가보다 무엇을 팔 것인가를 차분히 설명하는 마케팅 컨설턴트의 대안 제시서!
신국판 / 276쪽 / 9,000원

적은 돈으로 큰돈 벌 수 있는 부동산 재테크
이원재 지음

700만 원으로 부동산 재테크에 뛰어들어 100배 불린 저자가 부동산 재테크를 계획하고 있는 사람들이 반드시 알아두어야 할 내용을 경험담을 담아 해설해 놓은 경제서. 신국판 / 340쪽 / 12,000원

바이오혁명
이주영 지음

21세기 국가간 경쟁부문으로 새로이 떠오르고 있는 바이오혁명에 관한 기초지식을 언론사에 몸담고 있는 현직 기자가 아주 쉽게 해설해 놓은 바이오 가이드서. 바이오 관련 용어 해설 수록.
신국판 / 328쪽 / 12,000원

성공하는 사람들의 자기혁신 경영기술
채수명 지음

자기 계발을 통한 신지식 자기경영마인드를 갖추어야 한다는 전제 아래 그 방법을 자세하게 알려주는 자기계발 지침서.
신국판 / 344쪽 / 12,000원

CFO
교텐 토요오 · 타하라 오키시 지음 / 민병수 옮김

일반인들에게 생소한 용어인 CFO. 기업이 경쟁력을 갖추려면 최고 재무책임자의 역할이 지금까지와는 완전히 달라져야 한다.

CFO의 역할, 위상 등을 일본의 기업을 중심으로 하여 알아보고 바람직한 방향을 제시한다. 신국판 / 312쪽 / 12,000원

네트워크시대 네트워크마케팅
임동학 지음

학력, 사회적 지위 등에 관계 없이 자신이 노력한 만큼 돈을 벌 수 있는 네트워크마케팅에 관해 알려주는 안내서.
신국판 / 376쪽 /12,000원

성공리더의 7가지 조건
다이앤 트레이시 · 윌리엄 모건 지음 /

지창영 옮김

개인과 팀, 조직관계의 개선을 위한 방향 제시 및 실천을 위한 안내자 역할을 해주는 책. 현장에서 활용할 수 있는 실용서.
신국판 / 360쪽 / 13,000원

김종결의 성공창업
김종결 지음

누구나 창업을 할 수는 있지만 아무나 돈을 버는 것은 아니다라는 전제 아래 중견 연기자로서, 음식점 사장님으로 성공한 탤런트 김종결의 성공비결을 통해 창업전략과 성공전략을 제시한다.
신국판 / 340쪽 / 12,000원

최적의 타이밍에 **내 집 마련하는 기술**
이원재 지음

부동산을 통한 재테크의 첫걸음 '내 집 마련'의 결정판. 체계적이고 한눈에 쏙 들어오는 '내 집 장만 과정'을 쉽게 풀어놓은 부동산재테크서. 신국판 / 248쪽 / 10,500원

컨설팅 세일즈 Consulting sales
임동학 지음

발로 뛰는 영업이 아니라 머리로 하는 영업이 절실히 요구되는 시대 상황에 맞추어 고객지향의 세일즈, 과제해결 세일즈, 구매자와 공급자 간에 서로 만족하는 세일즈법 제시. 대국전판 / 336쪽 / 13,000원

연봉으로 10억 만들기
김농주 지음

연봉으로 말해지는 임금을 재테크 하여 부자가 될 수 있는 방법 제시. 고액의 연봉을 받기 위해서 개인이 갖추어야 할 실무적 능력, 태도, 마음가짐, 재테크 수단 등을 각 주제에 따라 구체적으로 제시함으로써 부자를 꿈꾸는 사람들이 그 희망을 이룰 수 있게 해준다. 국판 / 216쪽 / 10,000원

주5일제 근무에 따른 **한국형 주말창업**
최효진 지음

우리나라 실정에 맞는 주말창업 아이템의 제시 및 창업시 필요한 정보를 얻을 수 있는 곳, 주의해야 할 점, 실전 인터넷 쇼핑몰 창업, 표준사업계획서 등을 수록하여 지금 당장이라도 내 사업을 할 수 있게 해주는 창업 길라잡이서.
신국판 변형 양장본 / 216쪽 / 10,000원

주 식

개미군단 대박맞이 주식투자
홍성걸(한양증권 투자분석팀 팀장) 지음

초보에서 인터넷을 활용한 주식투자까지 필자의 현장에서의 경험을 바탕으로 한 주식 성공전략의 모든 정보 수록.
신국판 / 310쪽 / 9,500원

알고 하자! **돈 되는 주식투자**
이길영 외 2명 공저

일본과 미국의 주식시장을 철저한 분석과 데이터화를 통해 한국 주식시장의 투자의 흐름을 파악함으로써 한국 주식시장에서의 확실한 성공전략 제시!!
신국판 / 388쪽 / 12,500원

항상 당하기만 하는 개미들의 매도 · 매수타이밍
999% 적중 노하우
강경무 지음

승부사를 꿈꾸며 와신상담하는 모든 이들에게 희망의 등불이 될 것을 확신하는 Jusicman이 주식시장에서 돈벌고 성공할 수 있는 비결 전격공개!!
신국판 / 336쪽 / 12,000원

부자 만들기 주식성공클리닉
이창희 지음

저자의 경험담을 섞어서 주식이란 무엇인가를 풀어서 써놓은 주식입문서. 초보자와 자신을 성찰해볼 기회를 가지려는 기존의 투자자를 위해 태어났다.
신국판 / 372쪽 / 11,500원

선물 · 옵션 이론과 실전매매
이창희 지음

선물과 옵션시장에서 일반인들이 실패하

는 원인을 분석하고, 반드시 지켜야 할 투자원칙에 따라 유형별로 실전 매매 테크닉을 터득함으로써 투자를 성공적으로 할 수 있게 한 지침서!! 신국판 / 372쪽 / 12,000원

너무나 쉬워 재미있는 주가차트
홍성무 지음

주식시장에서는 차트 분석을 통해 주가를 예측하는 투자자만이 주식투자에서 성공하므로 차트에서 급소를 신속, 정확하게 뽑아내 매매타이밍을 잡는 방법을 알려주는 주식투자 지침서.
4×6배판 / 216쪽 / 15,000원

역 학

역리종합 만세력
정도명 편저

현존하는 만세력 중 최장 기간을 수록하였으며 누구나 이 책을 보고 자신의 사주를 쉽게 찾아보고 맞춰 볼 수 있게 하였다.
신국판 / 532쪽 / 10,500원

작명대전
정보국 지음

독자들 스스로 작명할 수 있도록 한글 소리 발음에 입각한 작명의 원리를 밝힌 길라잡이서. 신국판 / 460쪽 / 12,000원

하락이수 해설
이천교 편저

점서학인 하락이수를 직역으로 풀어 놓아 원작자의 깊은 뜻을 원형 그대로 전달하고 원문을 공부하려는 사람들에게 도움이 되는 해설서이다. 신국판 / 620쪽 / 27,000원

현대인의 창조적 관상과 수상
백운산 지음

관상학을 터득하여 적절히 운명에 대처해 나감으로써 어느 분야에서든지 성공적인 삶을 누릴 수 있는 비법을 전해줄 것이다.
신국판 / 344쪽 / 9,000원

대운용신영부적
정재원 지음

수많은 역사와 신비로운 영험을 지닌 1,000여 종의 부적과 저자가 수십 년간 연구·

개발한 200여 종의 부적들을 집대성한 국내 최대의 영부적이다.
신국판 양장본 / 750쪽 / 39,000원

사주비결활용법
이세진 지음

컴퓨터와 역학의 만남!! 운명의 숨겨진 비밀을 꿰뚫어 보는 신복현사주 방정식의 모든 것을 수록. 신국판 / 392쪽 / 12,000원

컴퓨터세대를 위한 新 성명학대전
박용찬 지음

사람이 살아가면서 필요한 모든 이름 짓기가 총망라되어 각자의 개성과 사주에 맞게 이름을 짓는 작명비법을 수록.
신국판 / 388쪽 / 11,000원

길흉화복 꿈풀이 비법
백운산 지음

길몽과 흉몽을 구분하여 그림과 함께 보기 쉽게 엮었으며, 특히 요즘 신세대 엄마들에게 관심이 많은 태몽이 여러 가지로 자세하게 풀이되어 있다.
신국판 / 410쪽 / 12,000원

새천년 작명컨설팅
정재원 지음

혼자 배워야 하는 독자들도 정말 이해하기 쉽도록 구성된 신세대 부모를 위한 쉽고 좋은 아기 이름만들기의 결정판.
신국판 / 470쪽 / 13,000원

백운산의 신세대 궁합
백운산 지음

남녀궁합 보는 법뿐만 아니라 인간관계, 출세, 재물, 자손문제, 건강문제, 성격, 길흉관계 등을 미리 규명할 수 있도록 쉽게 풀어놓았다. 신국판 / 304쪽 / 9,500원

동자삼 작명학
남시모 지음

한국사람에게 알맞은 건물명·상호·물건명 등의 이름을 자신에게 맞는 한글이름으로 지을 수 있는 작명비법을 제시.
신국판 / 496쪽 / 15,000원

구성학의 기초
문길여 지음

방위학의 모든 것을 통하여 개인의 일생운·결혼운·사고운·가정운·부부운·

자식운·출세운을 성공적으로 이끄는 비법 공개. 신국판 / 412쪽 / 12,000원

법률 일반

여성을 위한 성범죄 법률상식

조명원(변호사) 지음

성희롱에서 성폭력범죄까지 여성이었기 때문에 특히 말 못하고 당해야만 했던 이 땅의 여성들을 위한 성범죄 법률상식서. 사례별 법적 대응방법 제시.

신국판 / 248쪽 / 8,000원

아파트 난방비 75% 절감방법

고영근 지음

예비역 공군소장이 잘못 부과된 아파트 난방비를 최고 75%까지 줄일 수 있는 방법을 구체적인 법적 근거를 토대로 작성한 아파트 난방비 절감방법 제시.

신국판 / 238쪽 / 8,000원

일반인이 꼭 알아야 할 절세전략 173선

최성호(공인회계사) 지음

세법을 제대로 알면 돈이 보인다. 현직 공인중개사가 알려주는 합법적으로 세금을 덜 내고 돈을 버는 절세전략의 모든 것! 신국판 / 392쪽 / 12,000원

변호사와 함께하는 부동산 경매

최환주(변호사) 지음

새 상가건물임대차보호법에 따른 권리분석과 채무자나 세입자의 권리방어기법은 제시한다. 또한 새 민사집행법에 따른 각 사례별 해설도 수록.

신국판 / 404쪽 / 13,000원

혼자서 쉽고 빠르게 할 수 있는 소액재판

김재용·김종철 공저

나홀로 소액재판을 할 수 있도록 소장작성에서 판결까지의 실제 재판과정을 상세하게 수록하여 이 책 한 권이면 모든 것을 완벽하게 해결할 수 있다.

신국판 / 312쪽 / 9,500원

"술 한 잔 사겠다"는 말에서 찾아보는 채권·채무

변환철 지음

일반인들이 꼭 알아야 할 채권·채무에 관한 법률 사항을 빠짐없이 수록.

신국판 / 408쪽 / 13,000원

알기쉬운 부동산 세무 길라잡이

이건우 지음

부동산에 관련된 모든 세금을 알기 쉽게 단계별로 해설. 합리적이고 탈세가 아닌 적법한 절세방법 제시.

신국판 / 400쪽 / 13,000원

알기쉬운 어음, 수표 길라잡이

변환철(변호사) 지음

어음, 수표의 발행에서부터 도난 또는 분실한 경우의 공시최고와 제권판결에 이르기까지 어음, 수표 관련 법률사항을 쉽고도 상세하게 압축해 놓은 생활법률서.

신국판 / 328쪽 / 11,000원

제조물책임법

강동근·윤종성 공저

제품의 설계, 제조, 표시상의 결함으로 소비자가 피해를 입었을 때 제조업자가 배상책임을 져야 하는 제조물책임 시대를 맞아 제조업자가 갖춰야 할 법률적 지식을 조목조목 설명해 놓은 법률서.

신국판 / 368쪽 / 13,000원

알기 쉬운

주5일근무에 따른 임금·연봉제 실무

문강분 지음

최근의 행정해석과 판례를 정리하고 기업에서 관심이 많은 연봉제 및 성과배분제, 비정규직문제, 여성근로자문제 등의 이슈들과 주40시간제 법개정, 퇴직연금제 도입 등 최근의 법·시행령 개정사항을 모두 수록한 임금·연봉제실무 지침서.

4×6배판 변형 / 544쪽 / 35,000원

변호사 없이 당당히 이길 수 있는 형사소송

김대환 지음

우리 생활과 함께 숨쉬는 형사법 서식을 구체적인 사례와 함께 소개. 내 손으로 간결하고 명확한 고소장·항소장·상고장 등 형사소송서식을 작성할 수 있다. 형사소송 관련 서식 CD 수록.

신국판 / 304쪽 / 13,000원

변호사 없이 당당히 이길 수 있는 **민사소송**
김대환 지음

민사, 호적과 가사를 포함한 생활과 밀접한 관련이 있는 생활법률 전반을 보통 사람들이 가장 궁금해하는 내용을 위주로 하여 사례를 들어가며 아주 쉽게 풀어놓은 민사 실무서. 신국판 / 412쪽 / 14,500원

생활법률

부동산 생활법률의 기본지식
대한법률연구회 지음 / 김원중 감수

부동산관련 기초지식과 분쟁해결을 위한 노하우, 테크닉을 제 시하고 권두 특집으로 주택건설종합계획과 부동산 관련 정부 주요 시책을 소개하였다.

신국판 / 480쪽 / 12,000원

고소장 · 내용증명 생활법률의 기본지식
하태웅 지음

스스로 고소 · 고발장을 작성할 수 있도록 예문과 서식을 함께 소개. 또 민사소송에 대해서도 자세하게 설명.
신국판 / 440쪽 / 12,000원

노동 관련 생활법률의 기본지식
남동희 지음

4만 여 건 이상의 무료 상담을 계속하고 있는 저자의 상담 사례를 통해 문답식으로 풀어나가는 노동 관련 생활법률 해설의 최신 결정판. 신국판 / 528쪽 / 14,000원

외국인 근로자 생활법률의 기본지식
남동희 지음

외국인 연수협력단의 자문위원으로 오랜 시간 실무를 접했던 저자의 경험을 바탕으로 외국인 근로자의 체류자격 및 취업자격 등 법적 문제와 법률적 지위를 상세하게 다루었다. 신국판 / 400쪽 / 12,000원

계약작성 생활법률의 기본지식
이상도 지음

국민생활과 직결된 계약법의 기초를 이루는 핵심 기본지식을 간단명료한 해설 및 관련 계약서 작성 예문과 함께 제시.
신국판 / 560쪽 / 14,500원

지적재산 생활법률의 기본지식
이상도 · 조의제 공저

현대 산업사회에서 중요시되고 있는 특허, 실용신안, 의장, 상표, 저작권, 컴퓨터프로그램저작권 등 지적재산의 모든 것을 체계화하여 한 권으로 요약하였다.
신국판 / 496쪽 / 14,000원

부당노동행위와 부당해고 생활법률의 기본지식
박영수 지음

노사관계 핵심사항인 부당노동행위와 정리해고 · 징계해고를 중심으로 간단 명료한 해설과 더불어 대법원 판례, 노동위원회에 의한 구제절차, 소송절차 및 노동부 업무처리지침을 소개.
신국판 / 432쪽 / 14,000원

주택 · 상가임대차 생활법률의 기본지식
김운용 지음

전세입자들이 보증금 반환소송이나 민사소송, 경매절차까지의 기본적인 흐름을 알 수 있도록 인터넷을 통한 실제 법률 상담을 전격 수록. 신국판 / 480쪽 / 14,000원

하도급거래 생활법률의 기본지식
김진흥 지음

경제적 약자인 하도급업자를 위하여 하도급거래 관련 필수적인 법률사안들을 쉽게 해설함과 동시에 실무에 필요한 12가지 하도급표준계약서를 소개.

신국판 / 440쪽 / 14,000원

이혼소송과 재산분할 생활법률의 기본지식
박동섭 지음

이혼과 관련하여 해결해야 할 법률문제들을 저자의 실무경험을 바탕으로 명쾌하게 해설하였다. 아울러 약혼이나 사실혼파기로 인한 위자료문제도 함께 다루어 가정문제로 고민하는 사람들에게 길잡이가 되도록 하였다. 신국판 / 460쪽 / 14,000원

부동산등기 생활법률의 기본지식
정상태 지음

등기를 하지 않으면 어떤 위험이 따르고, 등기를 하면 어떤 효력이 생기는가! 등기신청은 어떻게 하며, 필요한 서류는 무엇이고, 등기종류에는 어떤 것들이 있는가 등 부동산등기 전반에 걸쳐 일반인이 꼭 알아야 할 법률상식을 간추려 간단, 명료

하게 해설하였다.   신국판 / 456쪽 / 14,000원

기업경영 생활법률의 기본지식
안동섭 지음

사업을 구상하고 있는 사람이나 현재 경영하고 있는 사람 및 관리실무자에게 필요한 법률을 체계적으로 알려주고 관련 법률서식과 서식작성 예문도 함께 소개.

신국판 / 466쪽 / 14,000원

교통사고 생활법률의 기본지식
박정무 · 전병찬 공저

교통사고 당사자가 쉽게 응용할 수 있도록 단계별 해결책을 제시함과 동시에 사고유형별 Q&A를 통하여 상세한 법률자문 역할을 하였다.   신국판 / 480쪽 / 14,000원

소송서식 생활법률의 기본지식
김대환 지음

일상생활과 밀접한 소송서식을 중심으로 소장작성부터 판결을 받을 때까지 그 서식 작성요령을 서식마다 항목별로 자세하게 설명하였다.   신국판 / 480쪽 / 14,000원

호적 · 가사소송 생활법률의 기본지식
정주수 지음

개명, 성 · 본 창설, 취적절차 및 법원의 허가 및 판결에 의한 호적정정절차, 친권 · 후견절차, 실종선고 · 부재선고절차에 상세한 해설과 함께 신고서식 작성요령과 구비할 서류 및 재판절차에 대하여 자세히 설명.   신국판 / 516쪽 / 14,000원

상속과 세금 생활법률의 기본지식
박동섭 지음

상속재산분할, 상속회복청구, 유류분반환 청구, 상속세부과처분취소 등 상속관련 사건들을 해결하는 데 도움이 되도록 상속법과 상속세법을 상세하게 함께 수록.
신국판 / 480쪽 / 14,000원

담보 · 보증 생활법률의 기본지식
류창호 지음

살아가다 보면 담보를 제공하거나 보증을 서는 일이 비일비재하다. 이렇게 담보를 제공하거나 보증을 섰는데 문제가 생겼을 때의 해결방법을 법조항 설명과 함께 실례를 실어 알아 본다.   신국판 / 436쪽 / 14,000원

소비자보호 생활법률의 기본지식
김성천 지음

소비자의 권리 실현 보장 관련 법률 및 소

비자 파산 문제를 상세한 해설 · 판례와 함께 모두 수록.   신국판 / 504쪽 / 15,000원

처 세

성공적인 삶을 추구하는 여성들에게 우먼파워
조안 커너 · 모이라 레이너 공저 /
지창영 옮김

사회의 여성을 향한 냉대와 편견의 벽을 깨뜨리고 성공적인 삶을 이루려는 여성들이 갖추어야 할 자세 및 삶의 이정표 제시!!   신국판 / 352쪽 / 8,800원

聽 이익이 되는 말 話 손해가 되는 말
우메시마 미요 지음 / 정성호 옮김

직장이나 집안에서 언제나 주고받는 일상의 화제들을 모아 실음으로써 대화의 참의미를 깨닫고 비즈니스를 성공적으로 이끌기 위한 대화술을 키우는 방법 제시!!
신국판 / 304쪽 / 9,000원

성공하는 사람들의 화술테크닉
민영욱 지음

개인간의 사적인 대화에서부터 대중을 위한 공적인 강연에 이르기까지 어떻게 말하고 어떻게 스피치를 할 것인가에 관한 지침서.   신국판 / 320쪽 / 9,500원

부자들의 생활습관 가난한 사람들의 생활습관
다케우치 야스오 지음 / 홍영의 옮김

경제학의 발상을 기본으로 하여 사람들이 살아가면서 생활에서 생각해 볼 수 있는 이익을 보는 생활습관과 손해를 보는 생활습관을 수록, 독자 자신에게 맞는 생활습관의 기본 전략을 설계할 수 있도록 제시.
신국판 / 320쪽 / 9,800원

코끼리 귀를 당긴 원숭이
-히딩크식 창의력을 배우자
강충인 지음

코끼리와 원숭이의 우화를 히딩크의 창조적 경영기법과 리더십에 대비하여 자기혁신, 기업혁신을 꾀하는 창의력 개발법을 제시.   신국판 / 208쪽 / 8,500원

성공하려면 유머와 위트로 무장하라
민영욱 지음

21세기에 들어 새로운 추세를 형성하고 있는 말 잘하기. 이러한 추세에 맞추어 현재 스피치 강사로 활약하고 있는 저자가 말을 잘하는 방법과 유머와 위트를 만들고 즐기는 방법을 제시한다.
신국판 / 292쪽 / 9,500원

등소평의 오뚝이전략
조창남 편저

중국 역사상 정치 · 경제 · 학문 등의 분야에서 최고 위치에 오른 리더들의 인재활용, 상황 극복법 등 처세 전략 · 전술을 통해 이 시대의 성공인으로 자리매김하는 해법 제시. 신국판 / 304쪽 / 9,500원

노무현 화술과 화법을 통한 이미지 변화
이현정 지음

현재 불교방송에서 활동하고 있는 이현정 아나운서의 화술 길라잡이. 노무현 대통령의 독특한 화술과 화법을 통해 리더로서, 성공인으로서 갖추어야 할 화술 화법을 배우는 화술 실용서.
신국판 / 320쪽 / 10,000원

성공하는 사람들의 토론의 법칙
민영욱 지음

다양한 사람들의 다양한 욕구를 하나로 응집시키는 수단으로 등장하고 있는 토론에 관해 간단하고 쉽게 제시한 토론 길라잡이서. 신국판 / 280쪽 / 9,500원

사람은 칭찬을 먹고산다
민영욱 지음

말 한마디에 천냥 빚을 갚는다는 속담이 있다. 현대에서 성공하는 사람으로 남기 위해서는 남을 칭찬할 줄도 알아야 한다. 성공하는 사람이 되기 위해서 알아야 할 칭찬 스피치의 기법, 특징 등을 실생활에 적용해 설명해놓은 성공처세 지침서.
신국판 / 268쪽 / 9,500원

사과의 기술
김농주 지음

미안하다는 말에 인색한 한국인들에게 'I'm sorry.'가 성공을 위한 처세 기법으로 다가온다. 직장, 가정 등 다양한 환경에서 사과 한마디의 의미, 기능을 알아보고 효율성을 가진 사과가 되기 위해 갖추어야 할 조건을 제시한다.
신국판 변형 양장본 / 200쪽 / 10,000원

취업 경쟁력을 높여라
김농주 지음

각 기업별 특성 및 취업 정보 분석과 예비 취업자의 능력 개발, 자신의 적성에 맞는 직종과 직장을 잡는 법을 상세하게 수록.
신국판 / 280쪽 / 12,000원

명 상

명상으로 얻는 깨달음
달라이 라마 지음 / 지창영 옮김

티베트의 정신적 지도자이자 실질적 지도자인 달라이 라마의 수많은 가르침 가운데 현대인에게 필요해지고 있는 인내에 대한 이야기. 국판 / 320쪽 / 9,000원

어 학

2진법 영어
이상도 지음

2진법 영어의 비결을 통해서 기존 영어학습 방법의 단점을 말끔히 해소시켜 주는 최초로 공개되는 고효율 영어학습 방법. 적은 시간을 투자하여 영어의 모든 것을 획기적으로 향상시킬 수 있는 비법을 제시한다. 4×6배판 변형 / 328쪽 / 13,000원

한 방으로 끝내는 영어
고제윤 지음

일상생활에서의 이야기를 바탕으로 하는 영어강의로 영어문법은 재미없고 지루하다고 생각하는 이 땅의 모든 사람들의 상식을 깨면서 학습 효과를 높이기 위한 공부방법을 제시하는 새로운 영어학습서.
신국판 / 316쪽 / 9,800원

한 방으로 끝내는 영단어
김승엽 지음 / 김수경 · 카렌다 감수

일상생활에서 우리가 무심코 던지는 영어 한마디가 당신의 영어수준을 드러낸다는 사실을 깨닫게 하는 영어 실용서. 풍부한 예문을 통해 참영어를 배우겠다는 사람, 무역업이나 관광 안내업에 종사하는 사람,

영어권 나라로 이민을 가려는 사람들에게 많은 도움을 줄 것이다.

4×6배판 변형 / 236쪽 / 9,800원

해도해도 안 되던 영어회화
하루에 30분씩 90일이면 끝낸다
Carrot Korea 편집부 지음

온라인과 오프라인을 넘나들면서 영어학습자들의 각광을 받고 있는 린다의 현지 생활 영어 수록. 교과서에서 배울 수 없었던 생생한 실생활 영어를 90일 학습으로 모두 끝낼 수 있다.

4×6배판 변형 / 260쪽 / 11,000원

바로 활용할 수 있는 기초생활영어
김수경 지음

다양한 상황에 대처할 수 있도록 인사나 감정 표현, 전화나 교통, 장소 및 기타 여러 사항에 관한 기초생활영어를 총망라.

신국판 / 240쪽 / 10,000원

바로 활용할 수 있는 비즈니스영어
김수경 지음

해외 출장시, 외국의 바이어 접견시 기본적으로 사용할 수 있는 상황별 센텐스를 수록하여 해외 출장 준비 및 외국 바이어 접견을 완벽하게 끝낼 수 있게 했다.

신국판 / 252쪽 / 10,000원

생존영어55
홍일목 지음

살아 있는 영어를 익힐 수 있는 기회 제공. 반드시 알아야 할 핵심 센텐스를 저자가 미국 현지에서 겪었던 황당한 사건들과 함께 수록. 재미도 느낄 수 있다.

신국판 / 224쪽 / 8,500원

필수 여행영어회화
한현숙 지음

해외로 여행을 갔을 때 원어민에게 바로 통할 수 있는 발음 수록. 자신 있고 당당한 자기 표현으로 즐거운 여행을 할 수 있도록 손안의 가이드 역할을 해줄 것이다.

4×6판 변형 / 328쪽 / 7,000원

필수 여행일어회화
윤영자 지음

가깝고도 먼 나라라고 흔히 말해지는 일본을 제대로 알기 위해, 일본을 체험해보기 위해 노력하는 사람들에게 손안의 가이드 역할을 하는 실전 일어회화집. 일어 초보자들을 위한 한글 발음 표기 및 필수 단어 수록. 4×6판 변형 / 264쪽 / 6,500원

필수 여행중국어회화
이은진 지음

중국을 경험하기 위해 출발하는 중국어 경험자와 초보자를 위한 회화 길라잡이서. 중국에서의 생활이나 여행에 꼭 필요한 상황별 회화, 반드시 알아야 할 1500여 개의 단어에 한자병음과 우리말 표기를 원음에 가깝게 달아 놓았으므로 든든한 도우미가 되어 줄 것이다. 4×6판 변형 / 256쪽 / 7,000원

영어로 배우는 중국어
김승엽 지음

중국으로 여행을 가거나 출장을 가는 사람들이 알아두어야 할 기초 생활 회화와 여행 회화를 영어, 중국어 동시에 익힐 수 있게 내용을 구성. 중국어를 배우는데 도움이 되도록 문법 설명도 함께 담아 시간을 절약하면서 2개 국어를 공부할 수 있는 것이 장점. 더불어 중국에 관한 상식도 담아 회화 공부 도중 지루함을 덜어 주는 배려도 있지 않고 있다.

신국판 / 216쪽 / 9,000원

필수 여행스페인어회화
유연창 지음

투우사의 빨강 망토, 달려오는 황소, 열광하는 관중 하면 떠오르는 나라 스페인. 정열의 나라라고 불리는 스페인을 여행하고자 하는 사람들에게 꼭 필요한 기본 스페인어 회화 정리, 수록. 은행, 병원, 교통 수단 이용하기 등 외국에서 직접적으로 맞닥뜨리게 되는 상황을 설정하여 바로바로 도움을 받을 수 있게 간단한 회화를 한글 발음 표기와 같이 수록하여 손안의 도우미 역할을 해줄 것이다.

4×6판 변형 / 288쪽 / 7,000원

스포츠

수열이의 브라질 축구 탐방
삼바 축구, 그들은 강하다
이수열 지음

축구에 대한 관심만으로 각 나라의 축구팀, 특히 브라질 축구팀에 애정을 가지고 브라질 축구팀의 전력 및 각 선수들의 장

단점을 나름대로 분석하고 연구하여 자신의 의견을 피력하고 있는 축구 길라잡이서. 신국판 / 280쪽 / 8,500원

마라톤, 그 아름다운 도전을 향하여
빌 로저스 · 프리실라 웰치 · 조 헨더슨 공저 / 오인환 감수 / 지창영 옮김

마라톤에 입문하고자 하는 초보 주자들을 위한 마라톤 가이드서. 올바르게 달리는 법, 음식 조절법, 달리기 전 준비운동, 주자에게 맞는 프로그램 짜기, 부상 예방법을 상세하게 설명하고 있다.
4×6배판 / 320쪽 / 15,000원

레포츠

퍼팅 메커닉
이근택 지음

감각에 의존하는 기존 방식의 퍼팅은 이제 그만!!
저자 특유의 과학적 이론을 신체근육 운동학에 접목시켜 몸의 무리를 최소한으로 덜고 최대한의 정확성과 거리감을 갖게 하는 새로운 퍼팅 메커닉 북.
4×6배판 변형 / 192쪽 / 18,000원

아마골프 가이드
정영호 지음

골프를 처음 시작하는 모든 아마추어 골퍼를 위해 보다 쉽고 빠르게 이해할 수 있도록 내용이 구성된 아마골프 레슨 프로그램서. 4×6배판 변형 / 216쪽 / 12,000원

인라인스케이팅 100%즐기기
임미숙 지음

레저 문화에 새로운 강자로 자리매김하고 있는 인라인 스케이팅을 안전하고 재미있게 즐길 수 있도록 알려주는 인라인 스케이팅 지침서. 각단계별 동작을 한눈에 알아볼 수 있도록 세부 동작별 일러스트 수록. 4×6배판 변형 / 172쪽 / 11,000원

배스낚시 테크닉
이종건 지음

현재 한국배스스쿨에서 강사로 활약하고 있는 아마추어 배스 낚시꾼이 중급 수준의 배스 낚시꾼들이 자신의 실력을 한 단계 업그레이드 시킬 수 있도록 루어의 활용, 응용법 등을 상세하게 해설.
4×6배판 / 440쪽 / 20,000원

나도 디지털 전문가 될 수 있다!!!
이승훈 지음

깜찍한 디자인과 간편하게 휴대할 수 있다는 장점 때문에 새로운 생활필수품으로 자리를 잡아가고 있는 디카 · 디캠을 짧은 시간 안에 쉽게 배울 수 있도록 해놓은 초보자를 위한 디카 · 디캠길라잡이서.
4×6배판 / 320쪽 / 19,200원

스키 100% 즐기기
김동환 지음

스키 인구의 확산 추세에 따라 스키의 기초 이론 및 기본 동작부터 상급의 기술까지 단계별 동작을 전문가의 동작사진을 곁들여 내용 구성.
4×6배판 변형 / 184쪽 / 12,000원

태권도 총론
하웅의 지음

우리의 국기 태권도에 관한 실용 이론서. 지도자가 알아야 할 사항, 태권도장 운영 이론, 응급처치법 및 태권도 경기규칙 등 필수 내용만 수록.
4×6배판 / 288쪽 / 15,000원

건강하고 아름다운 동양란 기르기
난마을 지음

동양란 재배의 첫걸음부터 전시회 출품까지 동양란의 모든 것 수록. 동양란의 구조 · 특징 · 종류 · 감상법, 꽃대 관리 · 꽃 피우기 · 발색 요령 등 건강하고 아름다운 동양란 만들기로 구성.
4×6배판 변형 / 184쪽 / 12,000원

수영 100% 즐기기
김종만 지음

물 적응하기부터 수영용품, 수영과 건강, 응용수영 및 고급 수영기술에 이르기까지 주옥 같은 수중촬영 연속사진으로 자세히 설명해 주는 수영기법 Q&A.
4×6배판 변형 / 252쪽 / 13,000원

애완견114
황양원 엮음

건강하고 똑똑하고 행복한 강아지로 키우기 위한 현명한 주인의 필독서!!
애완견 길들이기, 애완견의 먹거리, 멋진 애완견 만들기, 애완견의 질병 예방과 건강, 애완견의 임신과 출산, 애완견에 대한 기타 관리 등 애완견을 기를 때 반드시 알아야 할 내용 수록.
4×6배판 변형 / 228쪽 / 13,000원